美しく暮らす住まいの条件

～間取り・動線・サイズを考える～

floor plan, flow planning, Size

水越美枝子

X-Knowledge

Introduction

はじめに──
誰もが暮らしやすく
美しい家をつくるために

　家に効率的な動線を求める働くご夫婦や、豊かに暮らすことに意欲的なシニア世代からの設計の依頼が、多くなりました。社会の変化に少なからず影響を受ける私たちのライフスタイルは、これからも少しずつ変わっていくはずです。社会はまた、そんな私たちのニーズに敏感なので、住まいに関しても次々と様々な新しいものが採用されたり、進化したり、消えていくものもあるでしょう。

　それでも、住まいをつくる仕事をしながら強く感じることは、どんな家にしたいかは少しずつ違っていても、ほとんどの人が求める「暮らしやすい家」にはそれなりの正解があり、時代に左右されない普遍性があるということです。そして「暮らしやすい家」であれば、「いつまでも美しい家」を保つことは、それほど難しくはないということです。

　4年前に、この本の前作である『いつまでも美しく暮らす住まいのルール』を書きましたが、本の反響にとても驚きました。家づくり中の方だけでなく、日々の暮らしの中で、「住まい」に関心のある方がとてもたくさんいることも分かりました。

　読んでくださった方から、以下のような感想が多く寄せられました。
「動線と収納がうまくいくように考えられている家でこそ、はじめて"インテリア"が生きるという考えに納得しました」

「片づく部屋にするためには、片づけを繰り返すのではなく、しくみをつくることが大切だと気づきました」
「本を参考にしてキッチンの整理をし、家具の配置を変えたところ、とても使いやすい空間になりました」

　永野佳世さんの美しい写真のおかげで、住まいの教科書として役立ててくれるだけでなく、眺めるために手元に置いてくださる方が大勢いることも分かりました。事務所に依頼に来るお客様が、本にたくさんの付箋をつけて会いに来てくれるのも、嬉しいことです。

　この本は、そんな前作で伝えきれなかったことや、その後の日々の家づくりの中で新しく伝えたいと思ったこと、考えたことなどをまとめました。この本の大きなテーマである、間取りと動線、そしてサイズの考え方は、家事が効率よくはかどり、片づけがラクになる住まい、居心地よく過ごせる住まいをつくるうえで、欠かせないものです。「暮らしやすい家は美しい」という家づくりのコンセプトは、前作と変わってはいません。

　この本にある住まい作りのセオリーを、ぜひご自身の家に応用し、「暮らしやすく美しい家」をつくってください。そんな住まいは、確実に人生を豊かにしてくれるはずです。
　本書が皆さんの暮らしの手助けになれば、私にとってこんなに嬉しいことはありません。

　　　　　　　　　　　　　　　　　　　　　　水越美枝子

Contents

はじめに ……………………………………… 2

Chapter 1 「美しい暮らし」をつくる住まいの考え方

美しい住まいには理由がある ……………… 10
1 家事に追われないシステムがある ……… 12
2 よけいなものが目に入らない …………… 14
3 誰もが住みやすい間取りがある ………… 16
4 自然を感じながら生活できる …………… 18
5 散らからないしくみになっている ……… 20
6 空間や物のサイズにストレスがない …… 22

Chapter 2 美しさがずっと続く間取りと動線

住む人が主役の間取り・動線を考える ……26
 リビング・ダイニング ……28
 キッチン ……36
 水まわり ……44
 寝室 ……52
 子ども室 ……58
 和室 ……62
 書斎 ……66
 廊下・階段 ……72
 玄関 ……76

How to 1 コンパクトな住まいのよさを見直す ……82

Chapter 3 住む人に心地よい「暮らしの寸法」

適切な大きさ・距離が居心地よさにつながる ……… 86

収納のサイズ
- ダイニングのカウンター収納 ……… 88
- タワー収納 ……… 90
- クロゼット ……… 92
- テレビ台 ……… 94

キッチンのサイズ
- 調理台・通路幅 ……… 96
- 背面カウンター ……… 98
- パントリー ……… 100
- ゴミ箱 ……… 101

寝室のサイズ ……… 102
洗面室のサイズ ……… 104
トイレのサイズ ……… 106
玄関のサイズ ……… 108
家具のサイズ ……… 110

How to 2 夏の暑さから家族を守る住まい　112

Chapter 4 豊かな暮らしをつくる小さな工夫

細部の工夫が
豊かな暮らしをつくる················· 116
 光と風を採り込む······················· 118
 外からの視線をさりげなく遮る······· 122
 無機質な物を隠す······················· 126
 明かりをデザインする··················· 128
 窓から見える植栽······················· 130
 建具の使い方で美しく見せる········· 134
 天井も暮らしの美しさの一部········· 136
 色・柄を楽しむ··························· 138

掲載物件一覧······························· 140

撮影／永野佳世
(P78上、P103下、P109左上写真はアトリエサラ提供)
デザイン・DTP／池田和子(VERSO)
イラスト／濱本大樹
図面／橋上久美子(アトリエサラ)
取材・文・構成／臼井美伸(ペンギン企画室)
編集／別府美絹(X-knowledge)

Chapter

1

「美しい暮らし」をつくる住まいの考え方

引っ越しした直後は美しかったマイホームが、住んでいるうちに
人を呼べない状態になってしまう……それはもったいないことです。
美しさを維持し続けられる家には、必ず理由があるはずです。

美しい住まいには
理由がある

**目指すのは「美しさ」と
「心地よさ」の両立**

(上山邸)

　収納が足りないために、「いつも物が出しっ放しで落ち着かない」という家があります。また、収納はあるのに散らかっているなと思ったら、「動線がうまくいっていない」というケースもあります。収納や動線が理にかなっている家は、住みやすく、いつまでも美しさを維持することができます。いつも片づいていて、住んでいる人に無駄な動きを強いることがない住まい。目指したいのは、見た目だけの美しさではなく、「暮らしの美しさ」です。

（小林邸・茅ヶ崎市）

家づくりに「正解」はある

「住みやすい家は、人によって違う」と考える人もいるかもしれません。でも「誰にとっても住みやすい家」はあると思います。たとえば、洗濯機と干し場、クロゼットは近くにある方が、動線が短くなり家事がラクになります。キッチンの通路の幅や収納の高さが、体に合うように設計されていると、料理はしやすくなります。また、いつも自然を感じながら過ごせるリビングは、誰もが「心地よい」と感じられる空間のはずです。

（小林邸・茅ヶ崎市）

ストレスから一生解放されるために

収納の不足、動線の悪さ、照明やコンセントの位置の使いにくさ……家に不具合があっても「これくらい我慢すればいい」と思っているかもしれません。けれど、そのために無駄にしている時間や、感じているストレスは、長い間積み重なると膨大になります。新しい住まいを手に入れるとき、それらのストレスから解放されるとしたら、人生は違うものになるはずです。今ある住まいの問題と、しっかり向き合うことが大切です。

That's Why / 1

家事に追われない
システムがある

　家の動線や収納がうまくいっていないせいで、家事をしているときに、無駄に歩きまわっている人がいます。動線が複雑になっていると、途中で戻ったり、必要な物をどこかに取りに行ったりしなければなりません。そうするとほかのことが目についてしまい、そっちをやりだしたり。集中できないので、よけいに時間がかかります。

　動線をきちんと考えて建てられていない家の場合には、こういうことが起こりがちです。

　働いている女性はもちろん、家にいて子育てや介護をしている女性も、家事の手は抜きたくないけれど、できるだけスピーディに終わらせたいと思っているはずです。すべての人が住まいに求めているのは、「家事に追われなくてすむシステム」です。

　それを実現するために不可欠なのが、「家事の流れに合った動線＋収納」です。何かやろうとしたときに、必要な物がすぐ手に届く。一連の作業が、流れに沿ってできる。無意識のうちにできて、気がついたら終わっている……そんなふうなら、日々の家事はどんなにラクになるでしょう。

　たとえば、毎日の衣類の動線をたどってみてください。脱いだ衣類は、そのあと家の中でどう動いているでしょうか。洗濯機から干し場、たたむ場所、クロゼット、そして着替える場所へ。衣類が動く道は、すなわちあなたが毎日歩いている「洗濯＋身支度」の動線です。これが短い住まいは、家事をする人のストレスを軽くしてくれます。

　料理の動線も同様です。食材を手に取って、洗って、切って、調理して、盛りつける。この流れを、できるだけ少ない歩数でできるキッチンが理想です。

　ちょっとした時間の無駄でも、積み重なると人生の大きな時間になります。住まいを見直すことは、暮らしを豊かにすることにつながります。

That's Why 2

よけいなものが目に入らない

　くつろいでいるときや料理をしているとき、ふと目に入るものが、お気に入りのインテリアや窓の外の緑だけだったら、どんなに気持ちがいいことでしょう。逆に、無理な間取りのせいで、家具が窓をふさいでいたり、庭の植栽のそばに洗濯物がぶら下がっていたら、それらの風景は台無しになってしまうでしょう。

　新築の場合、最初から計画しておけばこういう事態は避けられるはず。リフォームの場合でも、ある程度目立たなくすることは可能です。しかし、こういったことに無頓着なケースが、案外多いように思います。

　住まいには、リビングやダイニングのようにくつろいで長い時間を過ごす場所と、洗面室やキッチンなど、作業をする場所があります。長くいる場所はとくに、目線が行く場所をきれいに整えたいものです。

　そのために大切なのは、美しい絵やインテリアを飾ることではありません。「見せたくない物を、目に触れないようにする」ことです。

　私はよく、「見せると隠すは表裏一体」という言葉を使います。何かをよく見せたいなら、そのためにはほかの物を隠すことです。見せたくない物を、意識して目線から外す工夫をするだけで、毎日の暮らしは大きく変わります。

　もし動かせる物であれば、「ブラインドゾーン」(目線から外れた、目立たない場所)にさりげなく置くという方法があります。ゴチャゴチャした物や汚い物でも、目に入らなければストレスにはなりません。

　もうひとつ、美しく住まうために忘れてはならないのが、「フォーカルポイント」という考え方です。フォーカルポイントとは、その空間に入ったとき、最初に視線が集中する場所のこと。ここによけいな物があると、家の印象が一気に悪くなります。

　たとえばリビングのドアを開けて、最初に目に入るものは何でしょう？　まずエアコンやテレビが目に入るようなら、レイアウトを変えることを検討してはいかがでしょうか。

（宮内邸）

That's Why / 3

誰もが住みやすい間取りがある

　家族構成やライフスタイルが違っても、誰にとっても「住みやすい間取り」というものがあります。

　たとえば出かけるときの身支度動線がスムーズだと、共働きの夫婦だけでなく、どんな家庭にも便利です。寝室とクロゼット、洗面室が近くにあれば、最短距離で身支度ができます。

　妻が働いていてもいなくても、自分専用の書斎や作業コーナーがあると便利です。それも、ダイニングやキッチンの近くにあれば、家事の合間に作業ができて快適になるでしょう。

　玄関のそばにコートをかけておくスペースがあれば、外出のたびにいちいち自分の部屋に取りに行く必要がありません。脱ぎっぱなしの上着があちこちに置いてある、といった事態も防げます。

　シニア世代になると、家で過ごす時間が長くなるので、夫婦が賢くすれ違いながら生活できるような工夫があると快適でしょう。書斎や趣味を楽しむ空間など、それぞれの居場所をつくることが必要になります。

　ライフステージによって、便利な動線というものは少しずつ変わってきます。しかし誰もが使いやすい間取りなら、収納の場所を見直すくらいのことで、たいていの変化には対応できるはずです。

　たとえば小さい子どもがいる人は、子どもの着替えをキッチンの近くに収納しておくと便利です。アウトドアが大好きな家族なら、玄関に大きな収納があると、出し入れがラクになります。

　人生のステージが変わっても対応できる、そんな間取りが理想です。

（日野邸）

That's Why / 4

自然を感じながら生活できる

　季節ごとに表情を変える自然の風景は、どんなインテリアより美しいものです。ふと目を上げると庭の緑や、街路樹、遠くの山などが目に入ってくる。そんな暮らしができたら、どんなに気持ちが癒されることでしょう。

　家にいても、常に自然を感じながら生活できるのが理想です。敷地が狭くても、窓から緑が見えるように計画したいものです。

　都会の住宅では、外からの視線を避けるために、窓を摺りガラスにしてしまうことがよくあります。しかし外の風景が見えない部屋は、閉塞感があります。たとえレースのカーテン越しであっても、その先に緑があれば、ずいぶん心地よさは違ってくるものです。

　もし敷地に余裕があれば、小さくても中庭をつくることで、プライバシーを確保しながら庭の眺めを楽しむことができます。中庭なら家のどこからも緑が目に入るので、心地よく過ごせます。きっちり囲い込むのが難しい場合も、建物の配置をL字やコの字型にして中庭をつくれます。

　また、隣接する公園などの緑や街路樹などがあれば、家の中から楽しめるように窓の位置を工夫します。

　家にいて自然を感じるためには、日差しや風の採り入れ方も重要です。

　昼間は電気を消して、自然光で過ごすことができれば、快適度はぐんと上がります。だからといって、窓は必ずしも南向きにこだわる必要はありません。東や北向きの窓から穏やかな光が差し込む家には、朝日が差し込んで清々しい、均一できれいな光が回る、暑すぎないといったメリットがあります。

　気持ちのいい風を採り込むためには、入り口だけでなく出口を設けて「風の通り道」をつくることです。湿気を逃がすためにも、生活の様々な匂いがこもらないようにするためにも、環境や敷地、間取りに合った窓の位置や大きさは大切です。

（上山邸）

That's Why / 5

散らからない
しくみになっている

　いつ訪ねてもすっきり片づいている家があります。住んでいる人が片づけ上手だから、ということももちろんありますが、そこにはいつも片づいている一番の理由、すなわち「散らからないしくみ」があるはずなのです。
　このしくみをつくるために必要なのは、「適所の収納」そして「適量の収納」です。
　まず、「適所の収納」というのは、動線に合った場所に、物がわかりやすく収納されていること。これが守られていれば、物は散らかりにくくなります。そのためには、最初にすべての持ち物の分類をし、使う場所を考えながら配置するという作業が必要で、それなりの時間とエネルギーがいります。ですが最初に一度だけ頑張って、適切な分類と配置をすることで、それからずっと散らからない状態を保つことができるのです。
　私は家の引き渡しのとき、洗面室などの壁面収納には白いプラスチックのカゴを並べて引き渡すようにしています。入居後にサイズを測って、大きさの合うカゴを買ってきて……となると面倒に感じますが、最初から棚に合うカゴが用意されていれば、片づくシステムがつくりやすいと思うからです。
　次に大切なのが、「適量の収納」です。暮らしに必要な適量を見極めて、ふだん使っている棚に置く量を減らしてみます。たとえばバスタオルは、洗濯のサイクルから考えると、それほどたくさん持たなくてもよいことがわかります。余分なストックを別の場所に置けば、すっきりして使いやすくなります。
　持ち物の量と収納スペースを合致させることは、大切です。持ち物を減らせれば一番いいのですが、そのハードルを越えられずに、収納に悩む方が多くいます。それに、子どもが成長するにしたがって、家の中の物はどんどん増えていきます。もし収納スペースが足りない場合は、今ある収納の中に棚を増やすことを考えてみてください。収納の量は、棚の量に比例して増えます。
　これからの人生をずっとストレスなく暮らすためにも、ぜひ散らからないしくみをつくってみてください。

(小林邸・小金井市)

That's Why / 6

空間や物のサイズにストレスがない

　服のサイズと同じで、住まいにも「住む人に合ったサイズ」というものがあります。心地よい空間や、使いやすい家具は、住む人に合った大きさのものを選ぶのがよいと思います。
　しかしメーカーでつくられているものは、平均的なサイズだったり、つくり手側に都合のよいサイズだったりするので、体に合わないこともあります。たとえばキッチンの調理台や、洗面台、ダイニングの椅子などの高さが身長に合わないと、使いづらかったり、体に負担がかかることがあります。使う人に合わせてサイズを決められたら、ずいぶん暮らしやすくなるでしょう。
　夫婦でキッチンに立つ家庭も増えています。二人に身長差がある場合は、背面のカウンターを少し高めにしておけば、ご主人も作業がしやすくなります。
　テーブルや椅子のサイズも、健康にかかわることなので、慎重に選ぶ必要があります。デザイン優先で考えがちですが、テーブルと椅子の座面の高さの差（＝差尺）をしっかりチェックする必要があります。これが大きすぎると、食事のときなど腕が疲れますし、小さすぎると姿勢が崩れやすくなります。座ったときに足がしっかり床について、テーブルに自然に手が置けるサイズが理想です。
　年齢を重ねると、高い椅子は疲れやすくなりますので、椅子は、低めにしておくと安心です。欧米の家具は、日本人にとって高すぎる場合もあるので、慎重に選ぶ必要があります。
　幅についても考えてみましょう。体の幅で一番広いのは、肩幅です。通路幅を考えるときは、これが基本になります。たいていは600㎜あれば十分です。
　しかし寝室の、ベッドの脇の通り道を考えるときには、肩幅まで考慮しなくてよいので、もう少し狭くても大丈夫ということになります。逆にキッチンの通り道を考えるときは、物を持って運ぶときに肘が広がるので、肩幅より広い幅が確保されていると快適です。
　住まいのサイズについて意識を持つことで、もっと快適な暮らしを手に入れることができるはずです。

（岡田邸）

Chapter 2

美しさがずっと続く間取りと動線

動線を考えずに計画された住まいは、住む人に我慢を強いることになり、
いずれは美しさをなくしてしまいます。
住む人の生活に寄り添った、間取りと動線について考えてみましょう。
どんな人でも取り入れやすいよう、場所別に紹介します。

住む人が主役の
間取り・動線を考える

**住む人の暮らしに
住まいを合わせる
という考え方**

（坂本邸）

　私たちの生活スタイルや、暮らしの中で大切にしたいことは、20年前、30年前と比べて大きく変わってきています。男性も女性も、以前より身だしなみに気を遣うようになっていますし、子育てしながら仕事をする女性も増えています。考え方もだんだん変化してきましたが、昔ながらの住まいに住んでいる方は多いと思います。今こそ「家の都合に合わせて住む」という考え方を見直しましょう。「人が主役の住まいを」と考えると、必要な間取りや動線が見えてきます。

（小林邸・茅ヶ崎市）

間取りを見直して
時間を取り戻す

　暮らしづらい間取りのせいで、歩きまわる時間が長くなっている人は多いものです。長年の習慣で「これが普通」と思っているけれど、住み替えて、動線がよくなって初めて、どんなに自分が今まで時間や労力を無駄にしていたかに気づきます。収納が足りなくて片づけに追われることも、時間を奪う原因です。ちょっとした時間の無駄でも、積み重なると人生の大きな時間になります。時間を手に入れて暮らしを豊かにするためには、家事や身支度の動線を短くする必要があります。

それぞれの居場所づくりが
心地よさのカギ

（遠藤邸）

　仲のいい家族であっても、家の中に自分だけの居場所があるほうが、落ち着いて暮らせます。子どもには、成長とともに個室が必要になりますし、夫婦もそれぞれのプライベート空間を確保することで、ストレスなく過ごせます。広さに限りがあっても、間取りの工夫で、自分専用のスペースをつくることは可能です。孤立せず、家族の気配を程よく感じられるスペースなら、なお理想です。

リビング・ダイニング
Living & Dining

リビング・ダイニングは、家族みんなが顔を合わせる場所。
家具や物ではなく人が主役になるように、
すっきりと片づいて、開放感があり、
目に入る物がきれいに整えられている空間を目指します。

家族が集まるダイニング。収納スペースが目立たず、シンプルで落ち着く空間。キッチンからダイニング、リビングまでの一体感がある。(南邸)

庭に面したリビング・ダイニング。どちらからもテレビが見やすく、家族が同じ空間で思い思いに過ごせる。(吉井邸)

リビングとダイニングに一体感を出す

　リビングとダイニングは、ひとつのスペースとして使う間取りがスタンダードになっています。最近ではキッチンもオープンタイプにすることが多いので、この3つをうまく配置して統一感を持たせることが、気持ちよく暮らすためのカギです。そのためには、建具と家具の色の調和に配慮します。また、家具のサイズを抑えめにすれば、空間を分断することなく一体感が出ます。ソファ越しにテレビを見る場合もあるので、ソファの背の高さはチェックポイントになります。

キッチンが丸見えにならないようにするルーバーの効果で、リビングとダイニングに一体感を出している。(岡本邸)

【一体感のある間取りの例】(南邸・写真左ページ)

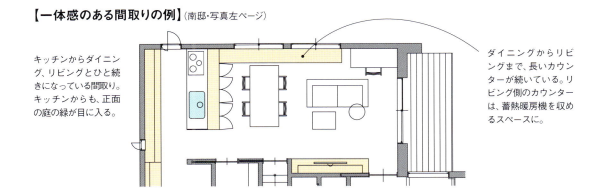

キッチンからダイニング、リビングとひと続きになっている間取り。キッチンからも、正面の庭の緑が目に入る。

ダイニングからリビングまで、長いカウンターが続いている。リビング側のカウンターは、蓄熱暖房機を収めるスペースに。

ダイニングの大容量収納が
暮らしやすさのカギ

　ダイニングは、単に食事をするだけの場所ではありません。家族会議や団らんの場所になったり、来客と会話をする場所になったり、ときには勉強スペースになったり。様々な顔を持ち、用途を変える場所だからこそ、いつでもすぐにリセットできる空間でなくてはなりません。テーブルの上に何も置かない状態にしておくためには、たっぷりの収納が必要です。同時に、くつろげるスペースにするために、収納を目立たせないための配慮も必要です。

食器が多いお宅なので、ダイニングの壁幅いっぱいのカウンター収納と、上にも吊り戸棚を設けた。(中野邸)

1 キッチン前面と壁一面に、L字型にカウンター収納を設けた。低めのカウンターにすることで、圧迫感がない。(米崎邸)　**2** ダイニングには、薬や文房具、書類など、収納したい物がたくさんある。(福山邸)　**3** 取り皿など食卓で使う食器も、ダイニング側に収納スペースを確保したい。(岡田邸)

【L字型収納の例】(米崎邸・写真上)

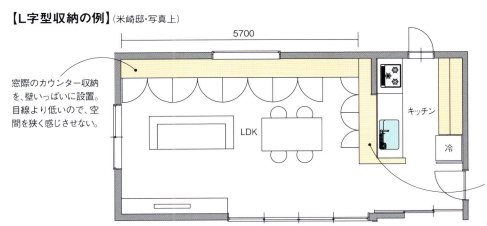

窓際のカウンター収納を、壁いっぱいに設置。目線より低いので、空間を狭く感じさせない。

キッチン前面のカウンターは、一カ所引き出しにすることで、文房具などの小物を収納しやすく。

ダイニング収納で
家事動線を一気に短くできる

　ダイニングは、様々な家事を行う場所でもあります。一つひとつの行為に必要な道具を、あちこちから持ってくるのではなく、すべてダイニングに収納しておければ、毎日の家事はスムーズになり、家事のために歩き回る時間を短くできます。プランをつくるときには、自分がダイニングで何をしたいのかをよく考えてみましょう。必要な設備や工夫が、おのずと見えてくるはずです。

1 ダイニング側のカウンター収納の一部が前に開いて、オーブントースターをスライド式に引き出すことができる。(柏木邸) **2** ダイニングで音楽を聴きたいという人も多い。カウンター内にCDを大量収納できるスペースがあると、片づけの動線が最短になって、快適。(芦田邸)

ダイニング側に食器の収納があると、食事の支度がすぐにできる。家族に手伝ってもらいやすいというメリットも。(上山邸)

3 ダイニングでアイロンがけをしたいという要望で作った例。使うときだけ出現するアイロン台は便利。
4 洗濯物を部屋干ししたいとき、壁からロープを引き出して張ることができる。(いずれも粟津邸)

1 ダイニングの一角に、子どもの勉強スペースを設置。キッチンに立っている母親からも目が届く。壁の中に、テキストなどを収納できる棚を設けた。
2 子どもが小さいうちは、ダイニングで身支度することも多い。着替えなどを収納するスペースもダイニングにあると快適に。(いずれも粟津邸)

子どもの成長を見守る
ダイニングでありたい

　家の中で、子育てのメインになるスペースも、やはりダイニングといえます。子どもが小さいときには、ここで着替えをさせる人もいるでしょう。小学校低学年くらいまでは、子ども部屋ではなく、親の目の届く場所で勉強をさせたい家庭も多いようです。学校の道具をダイニングに置いておけば、ここで明日の準備をすることもできます。ダイニングに収納する物は、子どもの成長に伴って変わっていくはずです。

すっきり見せるためには
水平ラインを強調する

　空間を広く、すっきりと見せるコツは、「水平ライン」をできるだけ長く見せること。たとえばダイニングのカウンター収納や、リビングのテレビ台を長く設けることで、伸びやかに、美しく見えます。それらの台の上にはできるだけ物を置かないことも、水平ラインを強調するコツです。美しく伸びた直線は、飾り物以上に部屋のインテリア性を高めてくれます。

キッチン裏側に、たっぷりの収納カウンターを設置。カウンター台が長く伸びていることで、空間がすっきり見える。照明を入れるために、下がり天井も水平ラインを作っている。(福山邸)

壁幅いっぱいにテレビ台を長く設け、同様にエアコンを隠すためのルーバーも設置した。入り口を入ると、奥行きを感じられて広々とした印象に。(佐藤邸)

キッチン *Kitchen*

最近では、ダイニングとひと続きになった、
オープンタイプのキッチンが主流です。
オープンになったからこそ、生活感が出過ぎないようにしたいもの。
そして調理時間を短くするためには、動線と収納が重要です。

背面収納が充実していると、キッチンは常に美しい。カウンター上の吊り戸棚には、軽い物を収納。左はトールパントリー。(平山邸)

「何も出ていない」状態に リセットできる収納力が必要

使い終わったときに物がすべて収まって、何も出ていない状態にリセットできる。そんなキッチンが理想です。そのために、キッチンの背面には十分な収納を設けます。おすすめなのは、吊り戸棚と、引き出し式のカウンター収納です。引き出し式だと、奥行きの深いスペースを使いやすくなり、たくさんの食器類を収納できます。カウンターの上は家電などを置いたり、配膳スペースとして使います。キッチン内に背の高いパントリーを設けられると、食品ストックをたっぷり収納できるので便利です。

引き出し式の収納なら、奥行きが深いスペースでも見渡しやすく、取り出しやすい。(芦田邸)

背面収納は、引き出し式のカウンター、吊り戸棚、トールパントリーの組み合わせが使いやすい。(平山邸)

「適所の収納」で一歩も動かずにすむ キッチンを目指す

　お腹を空かせた家族に、少しでも早く食事を提供したい。でも手は抜きたくない。そんな女性たちの何よりも強い味方は、料理している人の歩数が少なくてすむ、機能的なキッチンです。ゴミ箱がシンクの下に、フライパンはコンロの下になど、使いたい物が使いたいときに、手を伸ばすだけで届く「適所」にあると、料理はスピーディにできます。狭い空間の中で、必要な設備が動線に合った配列になっていることも大切です。

1 コンロの前に立ったまま、右手でフライパンを取り出し、左手で調味料を取ることができる。**2** シンクの真下にゴミ箱があり、包丁や調理器具にもサッと手が届く。ボウルやザルも、シンクの下に収納。(いずれも平山邸)

同時に使う物は近くに置くのが鉄則。湯沸かしポットの真上に、お茶やコーヒー、急須などが置いてある。(上山邸)

キッチンの一角に洗濯機を設置。忙しい朝に、一カ所で家事をすませられる。洗濯機は引き戸で隠しておくことができる。(青木邸・杉並区)

食洗機から食器を出して、振り向くだけで後ろの棚に片づけられる。一歩も歩かずに後片づけが完了。(平山邸)

【料理しやすい間取りの例】(平山邸・写真左上)

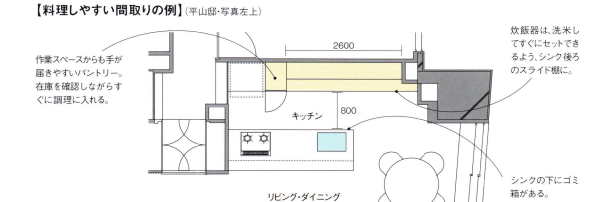

作業スペースからも手が届きやすいパントリー。在庫を確認しながらすぐに調理に入れる。

炊飯器は、洗米してすぐにセットできるよう、シンク後ろのスライド棚に。

シンクの下にゴミ箱がある。

パントリーは調理台のそばで見やすく収納する

　家族が多い家庭や、忙しくて毎日買い物に行けない家庭には、大容量のパントリーが欠かせません。できればキッチンの中に、歩かずに届く位置に設けますが、それが無理な場合はできるだけキッチンの近くに設けます。パントリーの中は、棚をたくさん使って高密度に収納します。メッシュのカゴなどでわかりやすく整理して、使い忘れなどがないように気をつけたいものです。奥行きの深いパントリーなら、引き出し式の収納が便利です。

(左)キッチンの中に十分なスペースがなかったので、通路を挟んだ壁の中に設けたパントリー(幅760×奥行300×高さ2000mm)。奥行きが浅い収納の方が使いやすい。(青木邸・杉並区)

1 キッチンの背面スペースに、トールパントリーを設置。カウンターに合わせた奥行きの深いスペースなので、引き出しを使って見やすく、在庫を把握しやすく。(藤田邸) 2 大きなパントリーをつくるスペースがない場合は、カウンターの一角に設けることも。(柏木邸)

【パントリー配置の例】(藤田邸・写真左上)

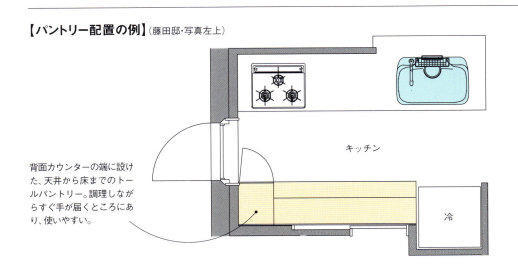

背面カウンターの端に設けた、天井から床までのトールパントリー。調理しながらすぐ手が届くところにあり、使いやすい。

勝手口を設けて
家事をスムーズに

　家庭菜園をしていたり、庭仕事をよくする家庭では、キッチンからつながる勝手口があると便利です。勝手口の入り口横に、天井から床までの高密度の収納棚をつくれば、収穫した野菜のほかに、庭作業に使う道具類や上着、帽子などを置いておけます。また、勝手口とキッチンの間にパントリーがあれば、買い物から帰って食品を収納してからキッチンに入れるので便利です。勝手口や収納棚は、ダイニングやリビングから丸見えにならないようにつくります。

1 勝手口の入り口の収納に、庭作業の道具はすべて置いておける。(小林邸・小金井市) **2** 奥様の希望で、キッチンにつながる勝手口に、漬物づくりのコーナーを設けた。小さい洗い場もついている。(原邸)

【勝手口のある間取りの例】(小林邸・小金井市・写真左上)

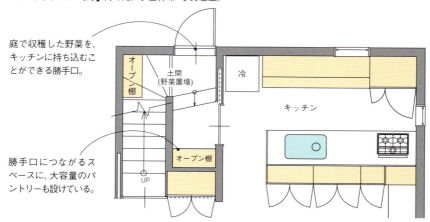

庭で収穫した野菜を、キッチンに持ち込むことができる勝手口。

勝手口につながるスペースに、大容量のパントリーも設けている。

ゴミ箱の位置が適切だと
ストレスが減る

　キッチンの配置を考えるとき、疎かにしがちなのが「ゴミ箱の位置」です。調理台からゴミ箱が遠く、ゴミが捨てにくいキッチンでは、効率が悪く、ストレスがたまります。シンクの前に立ったときに、歩かずにゴミが捨てられる場所にゴミ箱があると快適です。また、ゴミ箱が外に出ているとじゃまで、美しくないので、造作の一部に見えるようなレイアウトを心がけます。

1 シンクの真下に設置したゴミ箱。扉を閉めると、外からはゴミ箱があることはわからない。（吉井邸）　**2** ゴミ箱スペースの奥に、バーを設置。スプレー洗剤などを引っ掛けて収納できる。（山本邸）

シンクからゼロ歩の位置にあるゴミ箱。調理しながら、振り向くだけでゴミ箱に手が届く。（青木邸・杉並区）

水まわり Bath Room

水まわりを清潔に保つためには、シンプルで掃除しやすい空間であることが大切。
とくに、洗面室には人がいる時間が長いうえ、使う道具も多いので、
洗面室が機能的だと、生活の質が上がります。

天井から床までの奥行きの浅い
収納で理想の洗面室に

　洗面室は、家族が入れ代わり立ち代わり使う、空間稼働率のかなり高い場所です。ここでする行為は多岐にわたるので、収納スペースがたっぷりあると、格段に暮らしやすくなります。私のプランでは、可能な限り、洗面室に天井から床までの高密度の収納スペースを設けます。その際大切なのは、奥行きを深くしないこと。奥行きは浅くても、棚の数を増やせば大量の物を収納できますし、すべての物が見やすく、取り出しやすくなります。

【洗面室の大容量収納の例】（青木邸・杉並区・写真右）

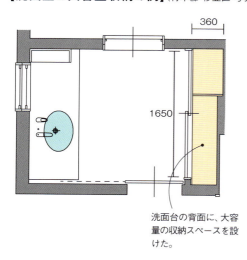

洗面台の背面に、大容量の収納スペースを設けた。

洗面室には、タオルのほか、パジャマや下着なども収納しておけると、入浴時の動線が短くなる。洗剤などの日用品のストックもたっぷり入る。（青木邸・杉並区）

壁面に設けた、高密度の収納スペース。これがあるおかげで、洗面台の下をオープンスペースにすることができ、洗濯カゴや体重計などが置けて使いやすい。上下に窓を設けて明るく、通気性良く。（青木邸・練馬区）

浴室から洗面室、寝室、キッチンへと続いている間取り。朝の身支度も、寝るときの支度も、動線が短くて快適。(新地邸)

水まわりからの適切な動線が時間を生み出す

　朝起きてからの行動を考えてみると、トイレ→洗面室と順に歩くのがわかります。朝、シャワーを使う人もいるでしょう。水まわりが寝室に近いと、朝の動線が短くなり、身支度がスピーディになります。さらにクロゼットも近くにあると、一カ所で支度ができるので快適です。パジャマ姿であちこち歩き回ることもなく、きちんと身支度を終えてからキッチンやダイニングに出て行けます。

1 浴室、洗面室からクロゼットにつながっている間取り。出かける支度がスムーズにできる。(岡田邸) **2** ひとり暮らしの間取り。洗面室からトイレ、寝室へと続いている。トイレは、使わないときは引き戸を開けて通路になる。(瀧本邸)

【水まわりと寝室が隣り合っている例】(新地邸・写真左ページ)

浴室から洗面室、寝室、キッチンへとまっすぐにつながっている間取り。昼間はドアを開け放して、寝室を通路として使用する。

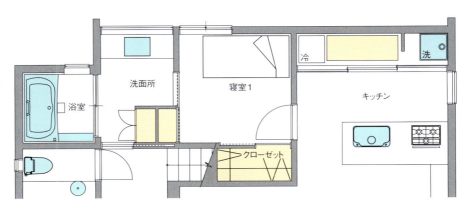

47

洗面室の機能を上げれば
家事効率はもっとよくなる

　家事が効率よくなる洗面室を考えてみましょう。洗濯物を干し場に持っていく前に、洗濯物を一時的に掛けておくスペースがあると便利です。洗濯機のそばの天井に、ポールを設置するのはいかがでしょう。広さに余裕がある場合には、洗濯物をたたんだり、アイロンがけができるスペースもつくると便利です。洗濯という家事を、リビングやダイニングに持ち込まない間取りにすることが、家をきれいに保つためのひとつの方法です。

天井に取りつけたポールに、洗濯物を一時干しできる。住む人の身長に合わせて、手の届く高さに設置。(岡本邸)

洗面室と干し場の間に設けた、家事スペース。取り込んだ洗濯物をここでたたんだり、アイロンがけができる。(上山邸)

狭いスペースでも
さりげなく収納量を増やす

　トイレや洗濯機の横など、大きな収納は設けられない場所でも、壁の中などのニッチな空間を使って収納を設けると、思った以上に細々した物が収納できて便利です。その際に気をつけているのは、扉を閉めたらそこに収納があるとわからないように、造作に溶け込ませることです。扉には取っ手はつけず、プッシュ式などにします。そういう場所を来客が開けることはまずありませんから、存在感がない方がよいと思います。

1 トイレの壁の中に収納スペースを設けた。扉を閉めれば壁に同化する。（小林邸・小金井市）　2 洗濯機の横の壁に、木枠を取り付けて洗剤置き場に。ちょっとしたことだが、これがあるとないとでは大違い。（新井邸）　3 トイレの壁の中に設けた収納スペース。意外に収納力があるが、閉めているときは存在感がない。（芦田邸）

広い洗面台は美しいだけでなく
忙しい朝を助ける

　洗面台は、スペースに余裕がある限り、できるだけ広くつくることにしています。忙しい朝は、二人で一緒に洗面台に立つことができ、一人が化粧をしたりドライヤーをかけていても、邪魔にはなりません。カウンターに合わせて、鏡も広くします。鏡が大きいと、空間が広く見える効果もあり、洗面台の水平ラインが長く伸びることで、さらにスッキリと美しく見えます。洗面台の上下にはできれば窓を設けて、自然の光や風を入れます。化粧やコンタクトレンズの装着をする場所なので、明るい空間であるほうが快適です。

洗面台を使う人と洗濯をする人の動線が交わっても問題ない広さ。たっぷりの自然光が入るので、気持ちよく身支度ができる。(上山邸)

シンクはひとつでも鏡が大きければ、洗面台を二人で同時に使うことができる。(岡本邸)

老後も安心して使える仕様は全ての人にやさしい

　家を建てたりリフォームをするときには、10年、20年先の暮らしを思い描いておく必要があります。介護する人が動きやすいトイレや、椅子に座って使える洗面台など、歳をとってからも使いやすい設備にしておけば、自分たちのためだけでなく、お客様を迎えるときや、親を泊めるときにも安心です。年配の人が安心して住める家は、健常者にとっても住みやすいはずです。

洗面台の下がオープンになっているので、椅子を入れて使える。座ったまま化粧などができて便利。もし車椅子生活になっても安心。(芦田邸)

トイレは2カ所の扉が開くので、介護する人が動きやすいつくり。二人で介助するときにも使いやすい。(小林邸・茅ヶ崎市)

寝室 *Bed Room*

眠ることが目的の空間なので、できるだけよけいな物は置かず、
シンプルにすることを心がけます。
昼間はここで洗濯物をたたんだり、アイロンがけをする人も。
書斎を設けるのもおすすめです。

壁紙とカーテン、ベッドカバーの優しい色合わせで、気持ちが穏やかになる空間に。余計な家具は置かない。(宮内邸)

広さも飾りも控えめにすることで
落ち着ける空間に

　寝室はあまり広くし過ぎないほうが、落ち着ける空間になります。ベッドのまわりに、ベッドメイキングをするときに動きやすいくらいの余裕があれば十分だと思います。ベッドまわりで必要な物はそれほどないので、ナイトテーブルを置くより、手の届く場所に小さいカウンターを設けることをおすすめしています。出窓を利用したり、壁の中にニッチを設けるという方法もあります。

　壁紙やカーテンも、落ち着いた色・柄のものを選びます。

ベッドのまわりには、人が歩けるスペースがあれば十分。シングルベッドをくっつけて、ダブルベッドとして使えば、もう少し余裕ができる。(小林邸・茅ヶ崎市)

【落ちつける寝室の例】(小林邸・茅ヶ崎市・写真上)

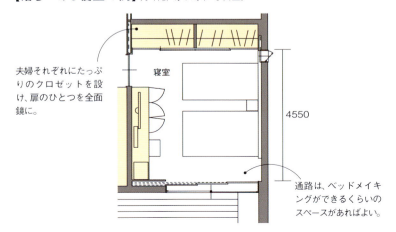

夫婦それぞれにたっぷりのクロゼットを設け、扉のひとつを全面鏡に。

通路は、ベッドメイキングができるくらいのスペースがあればよい。

53

機能を持たせることで
生活に溶け込む空間に

　寝室は、基本的には昼間は使わないスペースです。しかし寝室にクロゼットがあったり、近くに干し場がある場合は、ここで洗濯物をたたんだり、アイロンをかけることができれば、動線が短くなって快適です。カウンター収納を設けて、その一部をドレッサーや書斎にするのもおすすめのプランです。ほかの家族があまり出入りしないので、落ち着いて作業ができます。

1 立ってかけられるアイロン台を、クロゼットに組み込んだ。使わないときはたたんで収納できる。（平山邸）　2 寝室の壁一面に幅の狭いカウンターを設置して、ドレッサーに。浅く、幅の広い引き出しは、アクセサリーやメイク道具を収納するのにぴったり。（小竹邸）

カウンター収納の半分は、下をオープンにして、ご主人用の書斎スペースを設けた。(小林邸・茅ヶ崎市)

寝室で、夜の時間を楽しくくつろげるよう、クロゼットの中にテレビと冷蔵庫を設置。(小林邸・小金井市)

クロゼットの配置によって
ストレスが軽くなる

　クロゼットは、壁面収納のタイプと、ウォークイン収納のタイプがあります。夫と妻のクロゼットは一緒にせず別に設ける方が、見やすく、出し入れしやすくなります。壁面のクロゼットを左右で分けてもいいし、スペースがあれば、どちらかをウォークインタイプにするのもいいでしょう。通り抜けできるウォークスルータイプのクロゼットにすれば、動線がぶつからず使いやすくなります。そこから洗面室につながっていれば、さらに暮らしやすい間取りになります。

1 寝室の中に2カ所の壁面収納を設けている。それぞれ、寝る側に近いほうの収納を使えば、起きる時間が違ってもストレスにならない。(南邸) 2 クロゼットの戸の一枚を大きな鏡にした。身支度に便利なうえ、部屋が広く見える効果も。右は奥様、左はご主人のスペース。(小林邸・茅ヶ崎市)

寝室をゆるく仕切ることで安眠できる空間に

相手のいびきが気になったり、寝起きする時間が違うから安眠できない、というご夫婦は少なくありません。シニアの方に多い悩みです。とはいえ寝室が離れていると、体調が悪いときに気づきにくくなるのが心配です。そんな方には、夫婦の寝室がゆるく仕切れるプランをおすすめしています。引き戸を閉めると個室にすることができるので、便利です。クロゼットは、それぞれの場所から使えるように配置します。

夫婦のベッドの間を引き戸で仕切れば、別々の寝室として使うことができる。寝起きの時間が違う場合でも、ストレスが小さくなる。(小竹邸)

【仕切れる寝室の例】(小竹邸・写真上)

仕切ったときにも、それぞれの場所から各自のクロゼットが使えるように配置している。

2つのベッドの間にスペースがあり、引き戸を閉めると空間を分けることができる。

奥様の寝室には、洗面室を通って行くことができる。

子ども室 Children's Room

子どもの居場所は、最初はリビングなどのパブリックスペースですが、
成長とともにやがて個室へと移っていきます。
間取りも一緒に変化できれば、家族がスペースを有効に使えます。

1

可変する間取りで
家族の変化に対応する

　最近は、子どもの個室をあえてつくらないという考えの家庭もあるようです。でも私は、成長の過程で、自分だけの居場所を持つことは必要ではないかと思います。家を建てるときに、子どもの人数が決まっていない場合もあるかもしれません。その場合は、最初はひとつの居室として使えて、家族が増えたら2つに区切ることができるプランをおすすめします。フレキシブルな間取りにしておけば、将来は親の趣味室に使うこともできます。

1 男の子と女の子のきょうだいの部屋。成長したら真ん中に壁を設置して、部屋を分ける予定。それを見越して、ドア、窓、コンセントなどの位置を決めている。(新井邸) 2 広いリビングの一角が、子どもの遊びスペース。いずれは、壁を立てて個室にする予定。カウンターはそのまま、勉強机に使用する。(平山邸)

【可変する子ども部屋の例】(新井邸・写真左ページ)

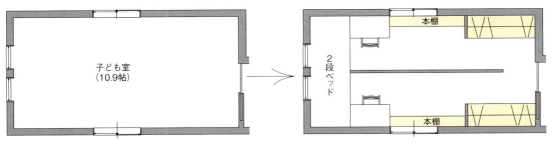

子どもが小さい間は、広いリビングでのびのびと遊べる。

成長したら、天井までの壁を設置して部屋を分ける予定。それぞれの部屋から、2段ベッドの上下に分かれて入って行けるつくり。

20代の娘の個室。天井から吊るしているのは、エアリアルヨガに使うハンモック。プライベートな部屋で、オフの時間をリラックスして楽しめる。(岡本邸)

変化する体型や嗜好にも
対応できる空間に

　子どものための個室は、機能と収納が十分であれば、狭くてもいいと思います。子どもは成長していきますし、趣味嗜好やりたいことも変わっていくので、造りつけの家具を置くより、必要に応じて置き家具を足していく方が合理的です。学習机はシンプルな物を選べば、大人になってからも使えます。子どもが自分で配置を工夫したり、模様替えを楽しんだりするのも、素晴らしいことだと思います。

部屋の主が好きな水色をテーマカラーにした個室。フレンチカントリー風の優しい雰囲気に。(向山邸)

片づけやすいしくみをつくる

　子どもが部屋を散らかすのは、収納スペースが足りないのが原因かもしれません。子どもが成長するにしたがって物は増えていくので、それを見越して、あらかじめ余裕のある収納にするか、家具を足していけるようにしておきます。扉の開け閉めをしなくていいオープン棚を設置したり、壁に吊るせる収納をつくるなど、片づけやすいしくみをつくることもおすすめしています。

1 収納が子どもの手が届く低い位置にあるので、絵本やおもちゃを自分で片づける習慣ができる。（宮内邸）2 服をしまうのが面倒にならないよう、オープンのクロゼットを設けた。（宮内邸）3 壁に、ネットハンガーを設置した。帽子やバッグを引っ掛けるだけで片づけられる。（中野邸）

和室 Japanese Style

和室は多目的に使える便利な居室でもあり、
家にゆとりや豊かさを生み出す空間でもあります。
リビングとゆるくつながって
一体感のある空間になるのが理想です。

目線を低くすることで
落ちついた居室に

　和室では椅子を使わず畳の上に座るので、ほかの部屋よりも目線の位置が低くなります。それに合わせて造作の位置も低くすることで、落ち着いた居室になります。窓は大きくつくり過ぎず、庭の一部など、見せたいところだけが見えるようにします。

　和室を客間として使いたいという場合は、リビングやダイニングからできるだけ見えない、離れのような位置に設けるのが理想です。

　来客が多くない場合は、リビングとひと続きの空間にして、客間にするときだけ引き戸やスクリーンで仕切るという方法もあります。

1 窓を額縁に見立てて、庭の景色を切り取った和室。開口部を低くしたので、外からの目線も気にならない。(小林邸・茅ヶ崎市) **2** 床の間部分は垂れ壁を大きくして目線を低く。入り口の引き戸も、高さを抑えて特徴あるデザインに。(芦田邸) **3** 普段はリビングとひと続きの空間。来客が泊まるときはプリーツスクリーンを下ろして個室に。(塚原邸)

【離れのような和室の例】(小林邸・茅ヶ崎市・写真上)

和室が突き出したL字型の間取りになっているので、ダイニング側からは和室が見えない。

和室の窓は、石庭に面している。ダイニングの窓からは、洋風の庭が見える。

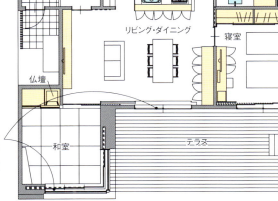

押入れを床から浮かせて
実際より広く見せる

　和室には、布団や座布団を収納する押入れをつくるのが一般的ですが、十分な広さが確保できない場合におすすめするのが、押入れを床から浮かせるプランです。床の面積が広がるだけで、空間が広く見える効果があります。その部分に飾り物を置いたり、窓を設けることもできます。また、小さくても床の間風の地板や飾り棚があると、豊かな空間になります。

1

2

3

1 リビングからつながっている和室。戸を閉めて、個室として使うこともできる。押入れを床から浮かし、窓を設けた。（上山邸）**2** 壁の半分を押入れにして、掛け軸を飾れるスペースを設けた。（小林邸・小金井市）**3** 押入れを床から浮かせているので、空間が広く見える。（山本邸）

書斎 Study Room

パソコンを使ったり、家計簿をつけたり、手紙を書いたり、
趣味の作業をする場所はどこですか?
ダイニングテーブルを使う人も多いようですが、小さくても
自分専用の場所があると、ぐんと暮らしが快適になります。

妻の書斎はダイニングか
キッチンに設ける

　妻専用の作業スペースを設けるという考え方は、ずいぶん一般的になってきました。今は誰でも家でパソコンを使いますし、家計簿をつけたり、手紙を書いたりしたい人もいます。そして女性の場合は、そういった作業を家事の合間でやりたいという人が多いものです。家事動線を考えて、ダイニングやキッチンの一角に、妻の書斎を設けることをおすすめしています。

1 ダイニングの一角に設けた、パソコンコーナー。ダイニング側から見えにくいくぼんだ位置に、周辺機器などを収めるスペースがある。(小林邸・小金井市)
2 キッチンの端に、作業スペースを設けた例。壁にちょっとしたカウンターをつくれば、小さい物を置いたり、飾ったりすることができる。(小林邸・茅ヶ崎市)

1 キッチンの奥に設けた、奥様が趣味のカルトナージュをするための空間。以前は和室で作業し、道具を出したままにしていたのでお客様を通せなかった。2 吊り戸棚を設けて、狭いスペースを有効に利用。3 背面に道具や紙が収納できるスペースもたっぷりある。(いずれも岡田邸)

【キッチン横に書斎を設けた例】(岡田邸・写真上)

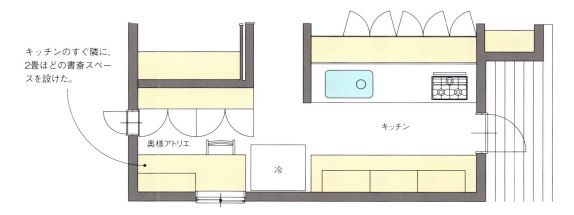

キッチンのすぐ隣に、2畳ほどの書斎スペースを設けた。

奥様アトリエ

冷

キッチン

夫の書斎は完全に
孤立しない場所に設ける

　自分の書斎が欲しいという男性は多いでしょう。リタイアして家にいる時間が長くなった方は特に、ひとりでパソコンをしたり、読書をしたり、調べ物をする落ち着いた空間が欲しくなるものです。しかし完全に閉じられた空間にするよりも、家族のいる場所とゆるくつながった空間であるほうが、安心感がありますし、暮らしに潤いが生まれます。個室をつくるスペースがない場合は、寝室やリビングの一角などに設けてもよいと思います。

3

1 吹き抜けのリビングの上に設けた、ご主人の書斎コーナー。窓に向かう場所に、長いカウンターを設置した。高台の家からの眺望を満喫しながら作業ができる。**2** 1の書斎コーナーを横から見たところ。壁一面に本棚を設けている。（いずれも上山邸）

3 和室をリフォームして、リタイアしたご主人の書斎に。将来は、2階の寝室をここに移す予定。（吉井邸）**4** ご主人のワークスペース。ドアはなくルーバーで仕切っているので、閉塞感がない。（粟津邸）**5** 寝室の一角にある書斎コーナー。プリンターなどは、引き出しにしまっている。（向山邸）

趣味に没頭できるスペースが人生を豊かにする

住まいのなかに、好きな趣味に没頭できる場所があると、生活が豊かになります。物作りが趣味の方には、小さいアトリエを設けることをおすすめしています。不要になった子ども室を、自分の趣味のためのスペースにするのもひとつのアイデアです。ダイニングテーブルなどで作業していると、時間が来たら片づけなくてはなりませんが、専用の部屋があれば、作業途中でも家事に戻れます。

【趣味のスペースを設けた例】（芦田邸・写真下）

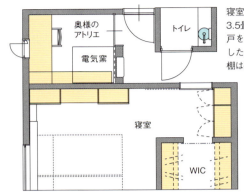

寝室の隣に設けた、約3.5畳のアトリエ。引き戸を取りつけ、個室とした。広く使うために、棚は壁づけにしている。

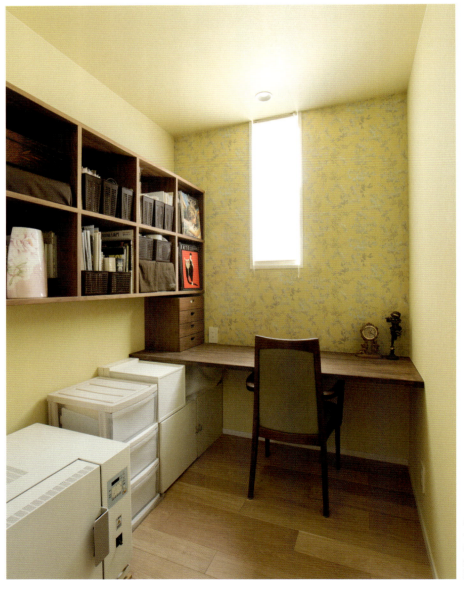

奥様が趣味のポーセリンペインティングをするためのアトリエ。左手前には、焼きつけに使用する電気窯がある。（芦田邸）

1 奥様が、趣味のポーセリングペインティングをするためのスペース。引き戸を閉めると個室になる。顔を上げると中庭の緑が目に入る、気持ちのよい空間。(米崎邸) **2** リビング横に設けた、奥様が趣味の洋裁や手芸をするためのスペース。(岡本邸)

リビングの隣に設けた、ご主人の書斎兼趣味のスペース。家族の気配を感じながら作業ができる。(青木邸・杉並区)

廊下・階段 Passage

リビングからそれぞれの部屋に直接入れるような、廊下を設けないプランもあります。
廊下を設ける場合は、絵を楽しむスペースにしたり収納などの機能を持たせるのがおすすめです。

リビングの中に、2階への階段を設けた例。リビングとのまとまりを出すために、階段の素材をルーバーと同じにしている。(岡本邸)

リビングの中に階段を設ければ
居室スペースを広くできる

　リビングの中から直接2階に上がれるプランは、以前はできませんでした。温かい空気が上に逃げてしまうという問題があったからです。そのため廊下に階段室をつくっていたのですが、部屋から出る度に寒かったり、昼間も暗いなどの問題がありました。ところが、住まいが高気密・高断熱に変わったことで、家の中の温度差が縮まり、間取りもより自由に考えられるようになりました。階段室や廊下を設けないことで、居室を広く使うこともできます。

1 吹き抜けの中で、和室、リビング、そして2階がつながる空間になっている。(上山邸) 2 吹き抜けのリビングの中に、2階への階段と渡り廊下を設けた。開放的で、家族の気配が感じられる空間に。(原邸)

通るだけの空間に機能を持たせる

　廊下や階段は、本来は人が通るためだけの空間です。でもこれを収納空間として利用すれば、ほかの居室を広く使うことができて、住まいにゆとりが生まれます。狭い廊下でも、300mm壁をへこませるだけで収納がつくれますし、奥行きが浅いとすべてを見渡せるので便利です。また、玄関からリビング・ダイニングへの動線上に洗面台を置くことで、帰宅後の行動がスムーズになります。

通路の両側の壁に設けた本棚。家族全員が通るたびに目に入るので、本に興味を持つきっかけになる。(平山邸)

1 玄関からダイニングにつながる廊下の壁面に、天井から床までの大容量収納を設けた。奥行きは300mm程度に、浅くするのが使いやすい。**2** 玄関近くの廊下の壁面に、自転車の収納スペースを設置。インテリアとしても楽しめる。(いずれも中野邸)

玄関からリビング・ダイニングに移動する途中にある洗面台。小さい子どもたちにも、帰宅したら手を洗う習慣が身につく。(新井邸)

【廊下に洗面台を設けた例】(新井邸・写真上)

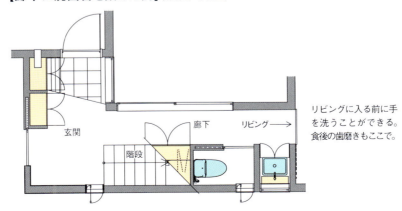

リビングに入る前に手を洗うことができる。食後の歯磨きもここで。

75

玄関 Entrance

家の門を入ったときや、玄関ドアを開けたときに最初に目に入る風景で、その家の印象が決まります。家族やお客様が、「温かく迎えられている」と感じられる玄関が理想です。

1 玄関正面の壁に、美しい割り肌のタイルを使用した。窓を額縁のように使って、外の植栽を楽しむことができる。(米崎邸) **2** 玄関の扉を開けて最初に目に入る風景が、美しい絵やインテリアだと、心が和む。(塚原邸)

正面にドアや階段が来ないようなプランに

　玄関の正面は、できれば壁になるようにして、絵を飾ったり、インテリア性のある家具を置けるようにします。ピクチャーウインドウを設けるのもいい案です。壁は、凹凸があって表情豊かなものにすると、それだけでも美しく目を楽しませる効果があります。正面にどうしても他の部屋のドアや階段がくる場合は、ルーバーやインテリアパネルを設置するなどの方法で、直接それらが目に入ることを回避し、印象を和らげます。

玄関ドアを開けると、正面にウォークイン式の納戸がある。引き戸に凹凸のあるパネルを使うことで、殺風景にならず、印象の良い空間に。(上山邸)

正面にドアがあるので、間にルーバーの壁を設置して印象を和らげ、目線を正面の壁に誘導している。(粟津邸)

玄関の収納力が家の心地よさを生む

玄関収納はカウンターにするよりも、天井から床までの大容量の下足入れやクロゼットをつくることをおすすめしています。壁と一体化した収納スペースなら、玄関が広くすっきりと見えます。カウンター収納にして、上に物を飾りたいという人もいますが、正面にないかぎり、あまり目に入りません。それよりも玄関の収納力を高めるほうが、たたきに靴が出たままになることもなく、上着や防災用品、リサイクル品など、様々な物を置いておけて、家の中が片づきます。

外のポストが下足入れにつながっている。外に出なくても新聞や郵便物が受け取れて、雨の日も便利。(小林邸・茅ヶ崎市)

1 壁一面に設けた下足入れ。ご夫妻のゴルフバッグもここに入れてある。(米崎邸) 2 くぼみにコート掛けを、壁面には折りたたみ式のフックを設けた。来客時に活躍してくれる。(小竹邸)

天井から床までの下足入れ。閉めれば壁と一体化する。棚板は靴の高さに合わせて設置し、高密度になるように収納。扉裏のバーにスリッパを掛けておける。（芦田邸）

玄関のコート収納で
ストレスが軽減する

クロゼットは寝室にあるというお宅が多いと思いますが、出かけるときや帰って来たとき、上着をいちいち取りに行くのは、動線が長くなって面倒です。寝室が2階にある家は、なおさらです。

玄関に上着やコートを掛けておけるスペースがあると、暮らしは快適になります。来客時にも便利ですし、上着をついついリビングに置いてしまうという悩みの種も、解消します。玄関にスペースがない場合は、玄関からリビングまでの動線の途中に設けてもよいでしょう。

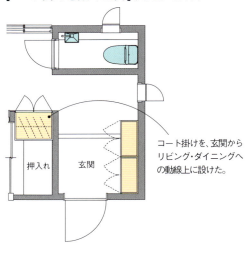

【コート掛けを設けた例】（岡田邸・写真下）

コート掛けを、玄関からリビング・ダイニングへの動線上に設けた。

1 下足入れの一角が、コート掛けやスリッパ収納スペースになっている。子どもがいる家にも便利。（吉永邸） **2** 下足入れにはスペースがなかったので、廊下の壁面を使ってコート掛けを設けた。（岡田邸）

1 スロープと手すりを設置した、バリアフリーのエントランス。ルーバーの壁を利用して、道路から玄関ドアを目隠し。(小林邸・茅ヶ崎市) 2 通りから玄関扉が丸見えにならないように、玄関までのアプローチを、ルーバーや打ち放し(コンクリート)を使って蛇行させている。(宮内邸)

道路から玄関ドアが見えないようにする

　玄関ドアを開けて宅配便を受け取っているとき、道路から家の中が丸見え……こんなエントランスだと落ち着きません。アプローチの場所を替えたり、植栽を植えたり、壁を互い違いに建てて蛇行して入るようにするなどの工夫をします。外から完全に隠すのではなく、ルーバーなどを使って緩やかに外とのつながりをつくることができると、印象のいいエントランスになります。

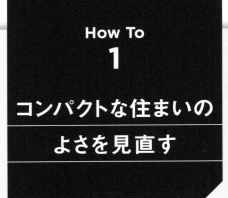

住みやすさを優先すると
コンパクトなほうがいい

　これからの家づくりは、高気密・高断熱の住まいが標準になっていきます。部屋ごとに暑さ・寒さを調整するのではなく、家全体をしっかりと断熱材でくるみ、温めたり涼しくした空気を外に逃さないようにして、少ないエネルギーで住まい全体を快適に保つという考え方です。また、核家族化や少子化が進み、部屋数が多い家をつくる必要もなくなりました。家は広いほうがいいと考える人よりも、コンパクトで住みやすいほうがいいと考える人も、増えています。

　そのため、たとえ敷地が広くても、コンパクトで動線が短い住宅を提案することも多くなりました。シニアのリフォームでは、2階建ての住まいの1階部分だけで日常が完結するようなプランの提案も、珍しくありません。階段の上り下りがないので、歳をとってからも安心して暮らせます。逆に3階建ての住まいは、階段が2つになるため、どうしても家事動線、身支度動線が長くなってしまい、プランでの解決には限界があるといえます。

廊下をつくらないことで
居室を広くとれる

　広さに制限のある敷地のプランで有効なのが、廊下をつくらずに、居室に必要なスペースを確保するという手法です。従来の住まいは、廊下で各居室を結ぶのが一般的でしたが、リビングを中心に各居室をつなげるような間取りで解決します。また、階段室を設けずに、リビングの中に階段を設ける間取りも、同様です。廊下や階段室を設けないことで、居室を広くとることができるだけでなく、動線が短くなって効率的になります。家族の気配を感じながら生活できるというメリットもあります。このようなプランも、高気密・高断熱の住まいだからこそ実現可能です。

Case 1 リビングの中に階段を設けて無駄のない間取りに

　以前の住宅では、2階に移動するには、いったん居室から廊下に出て、階段を上がるという間取りが普通でした。しかし廊下をなくして階段をリビングの中に設ければ、廊下の面積を省けます。この場合、階段が吹き抜けになるので、1階で温められた空気が上に昇りますが、1階に床暖房を設けることで暖かさが持続し、冬は上階まで効率的に温めることができます。逆に夏は2階のエアコンを利かせることで、家全体に涼しい空気がまわります。

（岡本邸）

Case 2 ウッドデッキを利用して広さを感じさせる住まいに

　リビングやダイニングに十分な広さをとれない場合、バルコニーを「第2のリビング」として活用し、広さを感じさせるプランにすることもできます。リビングの掃き出し窓の外に、床と同じ高さのウッドデッキを設けます。これだけでも、居室が続いているように感じられます。この窓の突き当たりの場所に高い壁をつくると、ウッドデッキが囲まれた部屋のような感覚になるので、さらに広さを感じながら暮らすことができます。

（芦田邸）

Chapter 3
住む人に心地よい「暮らしの寸法」

高さ、幅、奥行き、そして壁やドアとの距離など
暮らしやすさや心地よさのための寸法には、理由があります。
住む人や手持ちの物のサイズに合わせた
住まいづくりをすることが大切です。

適切な大きさ・距離が
居心地よさにつながる

**広ければいい、
大きければいい
というわけではない**

（小林邸・茅ヶ崎市）

　住まいは、狭いよりも広いほうがいいと思う人が多くいます。しかしむやみに広くしても、暮らしやすい空間にはなりません。また、必要以上に歩かずに作業が行えるほうが、スムーズに家事が行えます。逆に、狭いスペースでも活用の仕方によって、暮らしが快適になったり、大量の物を収納することができますし、デザインの工夫で、実際以上に広さを感じさせることもできます。暮らし方に合った空間づくりが大切なのです。

体が心地いいと感じる
サイズがある

（西野邸）

　たとえばダイニングテーブルや椅子、ソファといった家具を選ぶとき、デザインを優先して、サイズのことが疎かになってしまいがちです。でも毎日体を預けるものですから、体に合わないものを使い続けると、体に負担がかかります。

　キッチンの高さも同様に、よく使う人の身長に合わせたサイズにすることで、体にかかる負担が少なくなり、作業効率がよくなります。見た目だけでなく、体の心地よさにも意識を向けてみましょう。

（新井邸）

動きやすい住まいは
ストレスがたまらない

　同時に二人で使うには無理のある洗面室や、普段使う物が、背伸びしないと取れない収納など、動きづらい住まいで暮らしていると、ストレスがたまります。住まいの寸法が適切だと、毎日何気なく行う動作がラクになりますし、家事も短時間で終わります。程よい距離感の中で家族が毎日を過ごすことができれば、家族関係にもよい影響があります。

収納のサイズ *Size of Storage*

ダイニングのカウンター収納

　ダイニングの壁や窓際に設ける収納カウンターは、ダイニングテーブルより少し高くします。椅子に座ったとき、上に飾ってあるものにちょうど目線が行く高さです。

　キッチンとの間につくるカウンターは、キッチンより高めにし、キッチン作業の手元を隠します。圧迫感をなくすため、カウンターは高くしすぎないことが大切です。収納を増やしたい場合は、吊り戸を設けます。入れる物のサイズ(右ページ上参照)に合わせて、無駄のないように棚の高さを決めると、たくさんの物を収納できます。

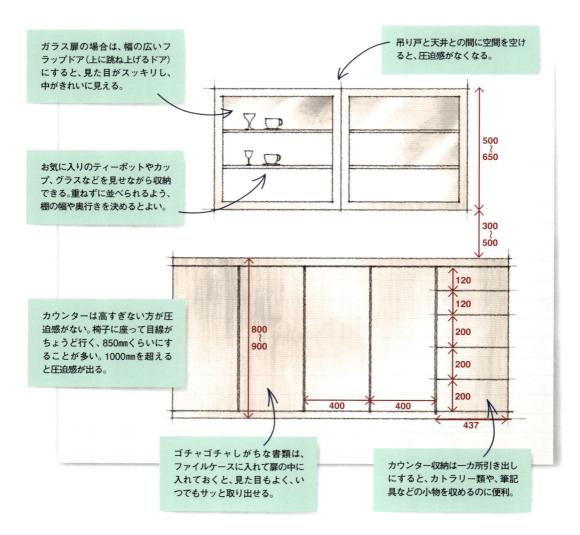

ガラス扉の場合は、幅の広いフラップドア(上に跳ね上げるドア)にすると、見た目がスッキリし、中がきれいに見える。

お気に入りのティーポットやカップ、グラスなどを見せながら収納できる。重ねずに並べられるよう、棚の幅や奥行きを決めるとよい。

吊り戸と天井との間に空間を空けると、圧迫感がなくなる。

カウンターは高すぎない方が圧迫感がない。椅子に座って目線がちょうど行く、850mmくらいにすることが多い。1000mmを超えると圧迫感が出る。

ゴチャゴチャしがちな書類は、ファイルケースに入れて扉の中に入れておくと、見た目もよく、いつでもサッと取り出せる。

カウンター収納は一カ所引き出しにすると、カトラリー類や、筆記具などの小物を収めるのに便利。

● ダイニングに収納する主な物のサイズ

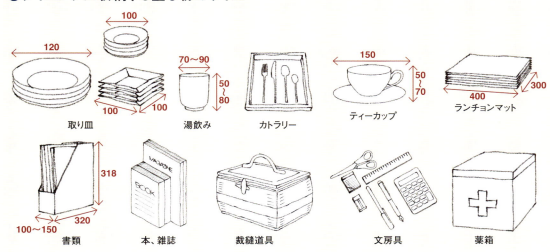

取り皿 / 湯飲み / カトラリー / ティーカップ / ランチョンマット
書類 / 本、雑誌 / 裁縫道具 / 文房具 / 薬箱

ガラス扉

ダイニングの壁幅いっぱいに設けたカウンター。インテリア性をもたせるために、吊り戸はそれより少し幅を小さくし、ガラス扉に。見せたい食器を飾って。(遠藤邸)

フラッシュ扉

吊り戸収納の中を見せたくない場合は、フラッシュ扉(目隠し扉)を使う。この場合は幅もカウンターと合わせて壁いっぱいに。(中野邸)

組み合わせ

ガラス扉とフラッシュ扉を組み合わせた吊り戸。カウンターは子どもの勉強スペースとして活用。(柏木邸)

タワー収納

　天井から床までの奥行きの浅い収納を、「タワー収納」と呼んでいます。廊下や洗面室などによく設けるのですが、奥行きは330㎜あれば十分。棚板をすき間なく設置することによって、たっぷりの物が収納できます。入れる物の高さに合わせて棚板を調節できるようにし、高密度に収納します。納戸をつくるよりも使い勝手がよく、スペースを有効に使えます。

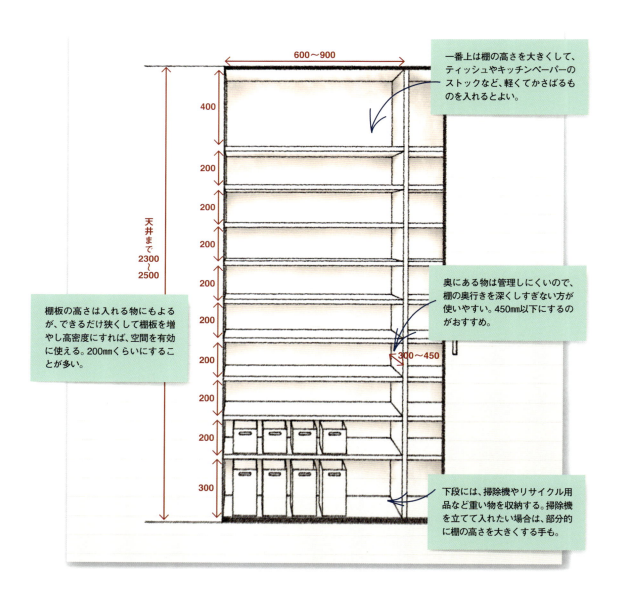

●主な日用品のサイズ

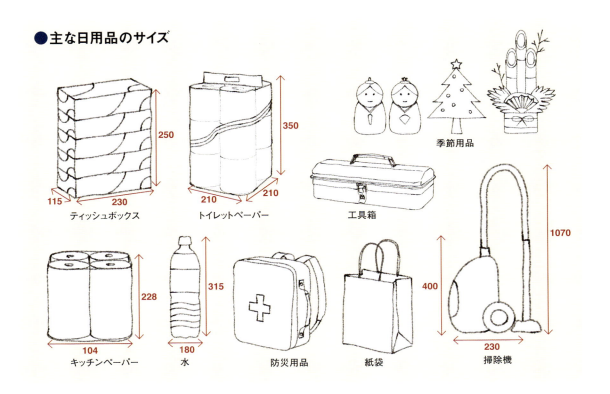

ティッシュボックス 115 × 230 × 250
トイレットペーパー 210 × 210 × 350
工具箱
季節用品
キッチンペーパー 104 × 228
水 180 × 315
防災用品
紙袋 400
掃除機 230 × 1070

開き戸タイプ

引き戸タイプ

（左）開き戸は、全開してすべての物を見渡せる。収納の前にスペースがある場合には開き戸にできる。（小林邸・小金井市）
（右）幅広く使える収納場所や、廊下のように前にスペースがない場所には、引き戸が適している。（津賀邸）

クロゼット

クロゼットを設ける場合、壁面タイプとウォークインタイプの2種類があります。ウォークインは、収納スペースに加えて人が踏み込んで歩くためのスペースも必要になるので、広さに余裕がある場合に設けます。洋服を吊るす奥行きや通路の幅は、人の肩幅を基に考えます。パイプハンガーを2段にするとたくさんの服が吊るせますが、ワンピースやコートなど丈の長い服を吊るすところも必要なので、組み合わせるのがよいでしょう。

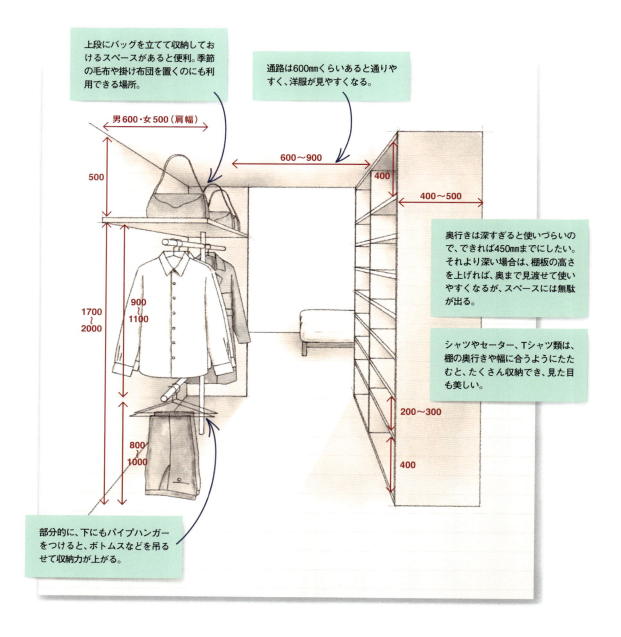

● **主な衣類のサイズ**

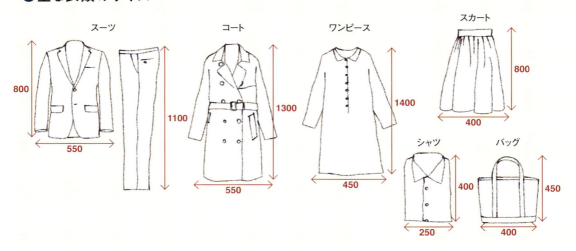

ウォークスルータイプ

壁面タイプ

ウォークインタイプ

（上）寝室から洗面室に抜けられる、ウォークスルータイプのクロゼット。身支度動線が短くて快適に。（上山邸）（右上）寝室に設けた、壁面タイプのクロゼット。踏みこむ通路が必要ない。（粟津邸）（右下）寝室に設けたウォークインタイプのクロゼット。パイプハンガーを2段に設置して、収納量を増やした。（原邸）

テレビ台

　テレビ台は、座ったときにテレビが目線の高さに合うように設置します。テレビの幅よりもずっと長く設けると、見た目がきれいです。横に広がる直線が長いほど、空間がスッキリと広く見えます。DVDプレイヤーもコンパクトになってきているので、奥行きが狭くても問題なく、テレビが壁づけの場合は、テレビ台の奥行きを狭くできます。テレビ台に飾り物などを置くよりは、テレビ台と同じ幅で上部に飾り棚を設けることをおすすめします。

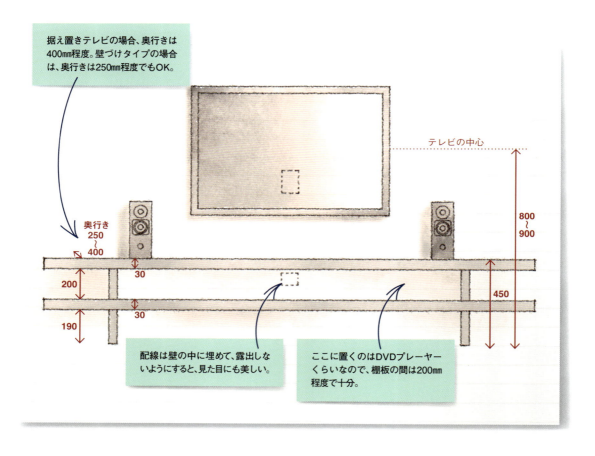

据え置きテレビの場合、奥行きは400mm程度。壁づけタイプの場合は、奥行きは250mm程度でもOK。

配線は壁の中に埋めて、露出しないようにすると、見た目にも美しい。

ここに置くのはDVDプレーヤーくらいなので、棚板の間は200mm程度で十分。

● テレビまわりの主な物のサイズ

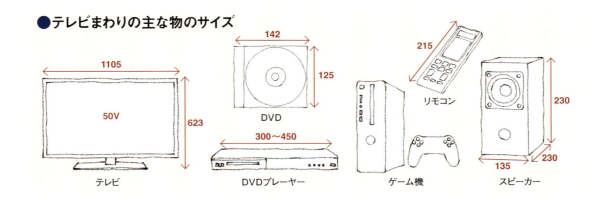

テレビ 1105 × 623　50V
DVD 142 × 125
DVDプレーヤー 300〜450
ゲーム機
リモコン 215
スピーカー 230 × 230、135

オープンタイプ

置くものがせいぜいDVDプレーヤーだけの場合はオープンタイプに。造りつけ家具だが、インテリア要素でもあるので、ほかの家具と素材を合わせている。（南邸）

キャビネットタイプ

AV機器やDVDなどたくさんの物を収納したい場合は、キャビネットタイプに。（宮内邸）

壁埋め込みタイプ

テレビが壁づけタイプの場合は、キャビネットも壁埋め込みにするとすっきり見える。（粟津邸）

キッチンのサイズ
Size of Kitchen

調理台・通路幅

　キッチンは対面型で、背面にカウンター収納があるのが使いやすい形です。飛行機のコックピットのように、手を伸ばしたり上体をひねったりするだけで必要な物に手が届くので、作業中の歩数が減らせます。調理台と背面カウンターの距離は、人がすれ違える幅で十分です。ただしキッチンに二人で立つことが多い家庭の場合は、通路幅を少し広くします。調理台の高さは、使う人の身長に合わせて調整します。

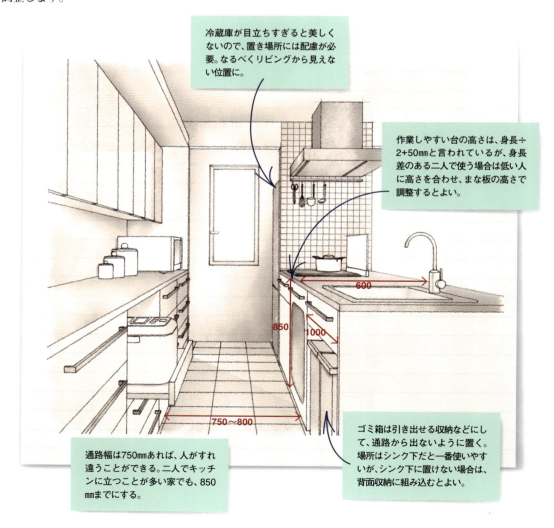

冷蔵庫が目立ちすぎると美しくないので、置き場所には配慮が必要。なるべくリビングから見えない位置に。

作業しやすい台の高さは、身長÷2+50mmと言われているが、身長差のある二人で使う場合は低い人に高さを合わせ、まな板の高さで調整するとよい。

通路幅は750mmあれば、人がすれ違うことができる。二人でキッチンに立つことが多い家でも、850mmまでにする。

ゴミ箱は引き出せる収納などにして、通路から出ないように置く。場所はシンク下だと一番使いやすいが、シンク下に置けない場合は、背面収納に組み込むとよい。

●キッチンに収納する主な物のサイズ

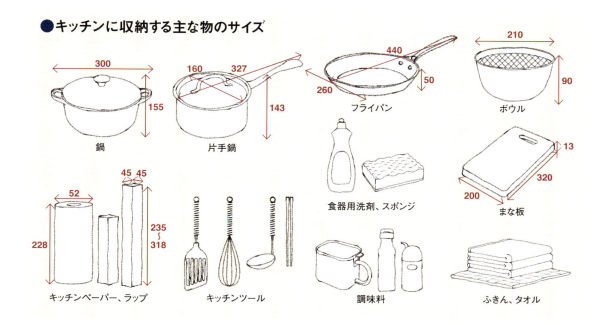

調理台の高さ

通路幅

(左)調理台が高すぎると鍋の中が見えにくくなる。身長に合った高さだと、体への負担が少ない。(芦田邸)(右)通路幅を750mmにした例。振り向くだけですぐに食器棚に手が届く。(岡本邸)

食洗機(フロントオープン型)

食洗機(引き出し型)

(左)食洗機はフロントオープン型だと、2～3段に食器を収納できるので、食事2～3回分を一気に洗える。(平山邸)(右)夫婦二人暮らしなど家族が少ない場合や、一食ずつ洗いたい場合は、引き出し型がよい。(塚原邸)

背面カウンター

　背面カウンターの奥行きは、既製品だと奥行き450〜500mmくらいが多いのですが、配膳に利用したり、二人で調理するときは調理スペースにできること、そして冷蔵庫と並べて置いて、面を合わせたいなどの理由から、深めにすることをおすすめしています。カウンター収納は、深くても引き出し式にすると、奥まで見やすく取り出しやすくなり、収納量も増やせます。グラスなどを収納するのに便利な吊り戸棚は、奥行きを深くせず、設置位置を上げすぎないのがポイントです。

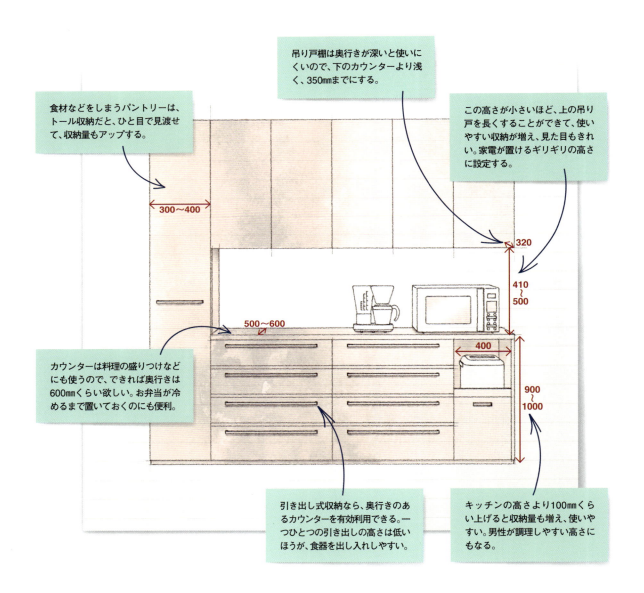

食材などをしまうパントリーは、トール収納だと、ひと目で見渡せて、収納量もアップする。

吊り戸棚は奥行きが深いと使いにくいので、下のカウンターより浅く、350mmまでにする。

この高さが小さいほど、上の吊り戸を長くすることができて、使いやすい収納が増え、見た目もきれい。家電が置けるギリギリの高さに設定する。

カウンターは料理の盛りつけなどにも使うので、できれば奥行きは600mmくらい欲しい。お弁当が冷めるまで置いておくのにも便利。

引き出し式収納なら、奥行きのあるカウンターを有効利用できる。一つひとつの引き出しの高さは低いほうが、食器を出し入れしやすい。

キッチンの高さより100mmくらい上げると収納量も増え、使いやすい。男性が調理しやすい高さにもなる。

●背面に収納する主な物のサイズ

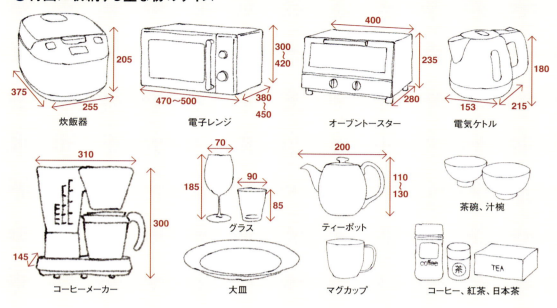

炊飯器 205 / 375 / 255
電子レンジ 300/420 / 470〜500 / 380/450
オーブントースター 400 / 235 / 280
電気ケトル 180 / 153 / 215
コーヒーメーカー 310 / 300 / 145
グラス 70 / 185 / 90 / 85
ティーポット 200 / 110〜130
茶碗、汁椀
大皿
マグカップ
コーヒー、紅茶、日本茶

吊り戸とカウンター

家電収納

(左)カウンターと吊り戸の間のスペースは、家電の高さに合わせて決める。手前にある冷蔵庫の奥行きと、カウンター、奥にあるトールパントリーの奥行きを合わせている。(青木邸・練馬区)(上)炊飯器などの家電はスライド棚に置くと、使用するときだけ引き出せるので使いやすい。手持ちの家電に合わせて棚板を設置する。(平山邸)

パントリー

食材を収納するパントリーは、調理スペースからそれほど歩かない場所に設けます。可能であればキッチンの背面カウンターの端に天井から床までのトールパントリーを設けると、機能的なキッチンになります。棚板の間隔はできるだけ小さくすると、仕分けがしやすく高密度に収納できます。一番上と下の棚幅は高めにして、大きな物を入れられるようにします。目線より下は、カゴなどを利用して引き出し式にすると使いやすくなり、奥行きがあるスペースも活用できます。棚と扉の間は少し余裕を持たせると、扉裏にエプロンや鍋つかみを吊るせて便利です。

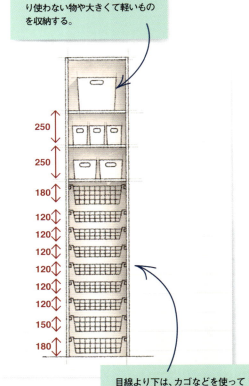

使いづらい上の方の棚には、あまり使わない物や大きくて軽いものを収納する。

目線より下は、カゴなどを使って引き出し式にすると、奥にあるものも見やすく、使い忘れを防げる。

壁面タイプ
背面カウンターの一部に、天井から床までのトールパントリーを設けると、使いやすい。扉裏にフックをつけて収納に活用。(平山邸)

ウォークインタイプ **キッチンが狭い場合**

(左)ウォークインタイプのパントリーを希望する人も増えている。(原邸) (右)キッチンの中に、トールパントリーを設けるスペースがなく、カウンター下の一部をパントリーにした例。(柏木邸)

ゴミ箱

　美しく見せたいキッチンでは、ゴミ箱の置き場に困ることがあります。ゴミ箱はシンクの下にあるのが理想です。シンク下をオープンにすれば、好きなゴミ箱を置くことができます。キッチン内部に組み込んで、引き出し式にする方法なら、料理のとき以外は閉めてしまえば、外からはゴミ箱だとわかりません。シンク下が無理な場合は、近くの背面収納の中に設けます。置き型タイプの場合は、キッチンに溶け込むようなデザインのゴミ箱を選び、形やサイズを揃えて並べるときれいです。カウンター下に置く場合は、ゴミ箱の上部に、フタを開けるためのスペースをもたせて設計します。

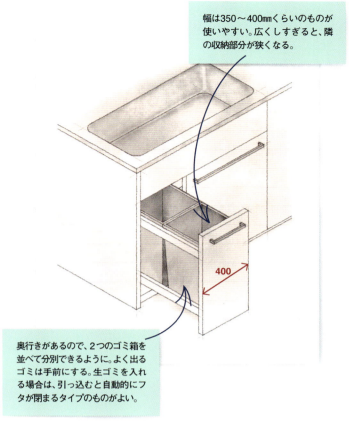

幅は350〜400mmくらいのものが使いやすい。広くしすぎると、隣の収納部分が狭くなる。

奥行きがあるので、2つのゴミ箱を並べて分別できるように。よく出るゴミは手前にする。生ゴミを入れる場合は、引っ込むと自動的にフタが閉まるタイプのものがよい。

引き出しタイプ

シンク下に設ける場合、引き出しタイプにすることが多い。その分、収納スペースは少し小さくなる。(平山邸)

置き型タイプ

ゴミが多い家庭には、背面カウンターの下にオープンスペースをつくって、ゴミ箱を置くのもおすすめ。使いたいゴミ箱に合わせてサイズを決めるとよい。(岡田邸)

寝室のサイズ　Size of Bedroom

　寝ることが目的の部屋なので、必要以上にスペースを広くする必要はないと考えています。落ち着いた、安全なスペースにするために、家具は最小限に。置く場合は、高さを抑えた造りつけのカウンターなどにします。ベッドのそばに小物を置けるスペースがあると便利ですが、ナイトテーブルの代わりに、出窓や奥行きの浅いカウンターを設けることも、よくおすすめします。壁を少しへこませてカウンターをつくることもできます。

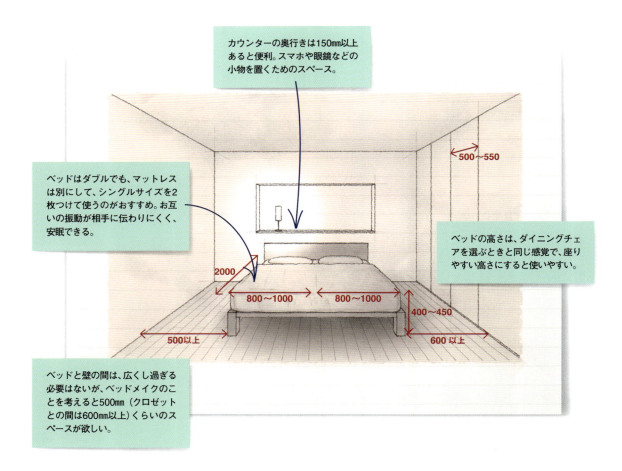

カウンターの奥行きは150mm以上あると便利。スマホや眼鏡などの小物を置くためのスペース。

ベッドはダブルでも、マットレスは別にして、シングルサイズを2枚つけて使うのがおすすめ。お互いの振動が相手に伝わりにくく、安眠できる。

ベッドの高さは、ダイニングチェアを選ぶときと同じ感覚で、座りやすい高さにすると使いやすい。

ベッドと壁の間は、広くし過ぎる必要はないが、ベッドメイクのことを考えると500mm（クロゼットとの間は600mm以上）くらいのスペースが欲しい。

ニッチカウンター

壁を400mmへこませてカウンターを設けた。本やスタンドライトなどの小物が置けて、便利。(岡本邸)

カウンター

(右)収納を設けるなら低めのカウンターにすると、圧迫感がない。カウンターの一部を書斎として使う方法もある。(青木邸・練馬区)
(下)出窓があると、小物を置くスペースにもなって便利。狭い寝室にはとくにおすすめのプラン。(山田邸)

出窓

洗面室のサイズ *Size of Washroom*

　洗面室に収納が不足している住まいはとても多いと感じます。タオルや洗剤のストック以外にも、パジャマや下着を収納しておけると、日々の生活動線が短くできます。収納は洗面台の背面、もしくは洗面台に直交する形で設けます。

　洗面室ですることは多岐にわたるので、洗面台は散らかりがちです。収納が充実していれば、洗面台の上に何も物が出ていないすっきりした状態を維持できます。洗面台にも、ある程度広さがあると快適です。鏡を大きくすれば、家族が二人並んで使えます。

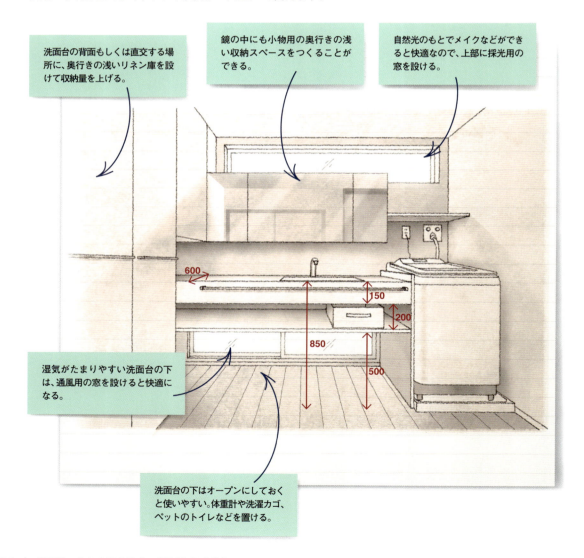

洗面台の背面もしくは直交する場所に、奥行きの浅いリネン庫を設けて収納量を上げる。

鏡の中にも小物用の奥行きの浅い収納スペースをつくることができる。

自然光のもとでメイクなどができると快適なので、上部に採光用の窓を設ける。

湿気がたまりやすい洗面台の下は、通風用の窓を設けると快適になる。

洗面台の下はオープンにしておくと使いやすい。体重計や洗濯カゴ、ペットのトイレなどを置ける。

● 洗面室に収納する主な物のサイズ

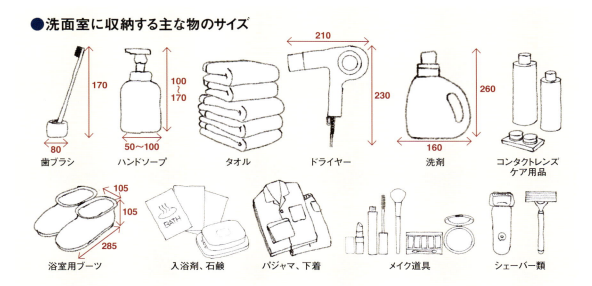

歯ブラシ	ハンドソープ	タオル	ドライヤー	洗剤	コンタクトレンズケア用品
浴室用ブーツ	入浴剤、石鹸	パジャマ、下着	メイク道具	シェーバー類	

壁面に大容量の収納庫を設け、鏡裏も小物を収納できるスペースに。洗濯機の上にも棚板を取りつけると収納力がアップする。(小林邸・小金井市)

使いやすい洗面室

(左)スペースが足りない洗面室でも、収納を上と下に分けてカウンターを通すと、使い勝手が良くなる。(宮内邸)(右)市販の洗面台に、カウンターをつけ足して広く使えるように。下部をオープンにしたので、椅子を入れて使える。(新井邸)

吊り戸

既製品の洗面台利用

トイレのサイズ Size of Toilet

　トイレに手洗いスペースがあると、格段に使いやすくなり、お客様にも、パウダールームとして使っていただくことができます。手洗いカウンターの下に収納を設ければ、トイレットペーパーのストックや掃除道具などを収納しておけて便利です。手洗いボウルの前は、便器と干渉しないある程度のスペースが必要になります。幅が狭い場合はカウンター下をオープンにして、トイレットペーパーホルダーを設置したり、掃除用品などを置く方法も。その場合は、収納が足りないので吊り戸棚を設けます。

〈幅がある場合〉

幅がある場合は、便器とカウンターの間に人が立てるように、余裕を持たせる。

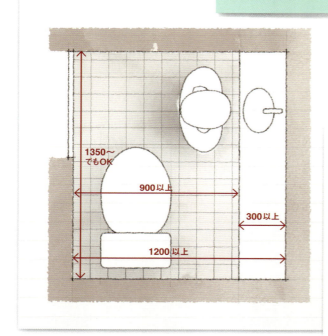

手洗いボウルを設けるためには、170mm以上。カウンターの奥行きが狭い場合は、手洗いボウルをスクエア型にする。

〈奥行きがある場合〉

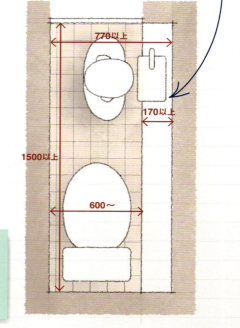

奥行きがある場合は、便器とカウンターの間の幅が狭くてもよい。カウンター下にトイレットペーパーホルダーを設置すると使いやすい。

●トイレに収納する主な物のサイズ

サニタリーボックス	トイレットペーパー	掃除用品	サニタリー用品
135 × 135 × 140	114 × 140	115 × 115 × 390 / 160 × 115 × 70	

幅がある場合

奥行きがある場合

（左）幅があるトイレ。小さくても収納スペースがあると便利。（宮内邸）（上）カウンターの奥行きが狭いので、手洗いボウルはスクエア型に。カウンター下をオープンにしたので、吊り戸棚を設けた。（岡田邸）

玄関のサイズ Size of Entrance

　玄関には靴以外にも、外出のための小物やコート類をしまえるスペースがあると、暮らしが快適になります。限られたスペースですから、床から天井までの壁面収納にし、収納棚は、空間を無駄に使わないために可動式にして、靴の高さに合わせて棚板を設置します。間取りの都合で暗くなりがちな玄関ですが、壁面に窓をとれない場合は、下足入れの上部に採光用の窓を設けることもあります。

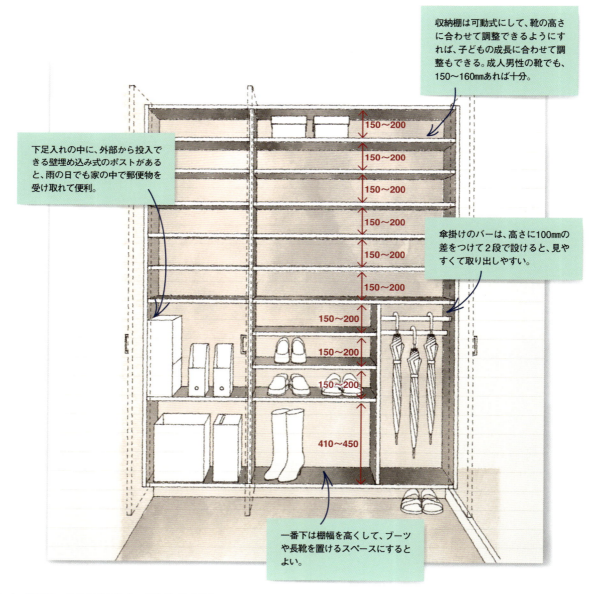

収納棚は可動式にして、靴の高さに合わせて調整できるようにすれば、子どもの成長に合わせて調整もできる。成人男性の靴でも、150〜160mmあれば十分。

下足入れの中に、外部から投入できる壁埋め込み式のポストがあると、雨の日でも家の中で郵便物を受け取れて便利。

傘掛けのバーは、高さに100mmの差をつけて2段で設けると、見やすくて取り出しやすい。

一番下は棚幅を高くして、ブーツや長靴を置くスペースにするとよい。

●玄関に収納する主な物のサイズ

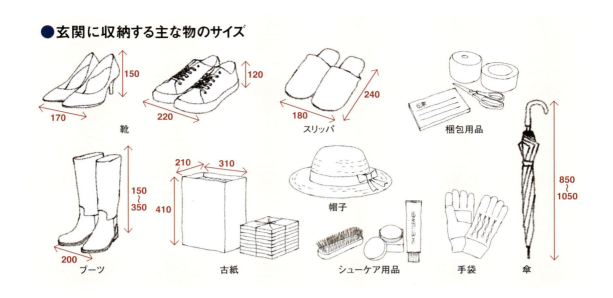

靴／スリッパ／梱包用品／ブーツ／古紙／帽子／シューケア用品／手袋／傘

タワー収納タイプ

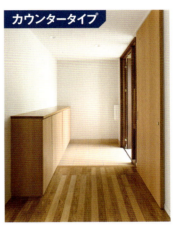

カウンタータイプ

（左）右側には外着を掛けるスペースを設置。天井近くに窓をつくり、光を採り込んだ。(小林邸・茅ヶ崎市)(上)靴の数が少ない家の場合は、下足入れをカウンタータイプにして空間を広く見せる。(青木邸・練馬区)

スリッパ収納

収納棚の扉裏を利用して、スリッパを掛けるためのバーを設けることもある。その場合、棚板と扉の間に少し余裕を持たせる。(南邸)

家具のサイズ *Size of furniture*

　ダイニングで過ごす時間は長いので、ダイニングテーブルと椅子のサイズは重要です。とくに椅子は、座る人の健康を左右することもあるので気をつけましょう。日本人の体格に合う、平均的な座面の高さは400〜450㎜。つま先しか床に着かない高さだと疲れやすくなるので、きちんとかかとまで着くような高さを選びたいものです。ソファは、大きいものを選びがちですが、座面の奥行きが広すぎると、背中と足がちゃんとつかないので、クッションでの調整が必要になります。高齢者や腰が悪い方には、固めのソファがおすすめです。

ダイニングセット

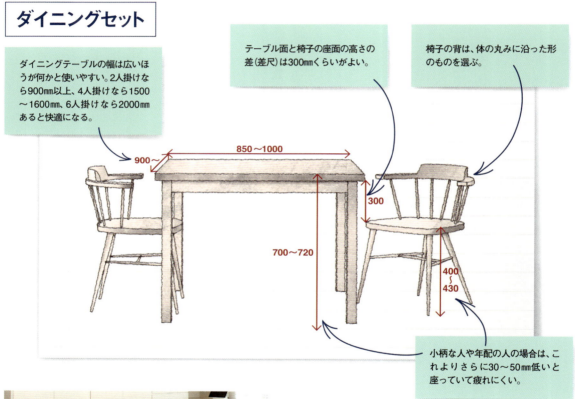

ダイニングテーブルの幅は広いほうが何かと使いやすい。2人掛けなら900㎜以上、4人掛けなら1500〜1600㎜、6人掛けなら2000㎜あると快適になる。

テーブル面と椅子の座面の高さの差(差尺)は300㎜くらいがよい。

椅子の背は、体の丸みに沿った形のものを選ぶ。

小柄な人や年配の人の場合は、これよりさらに30〜50㎜低いと座っていて疲れにくい。

食事以外にもここで新聞を読んだり、書き物をしたり、長時間過ごす場合はとくに、座り心地のいい椅子と、適当な差尺のテーブルを選びたい。

ソファ

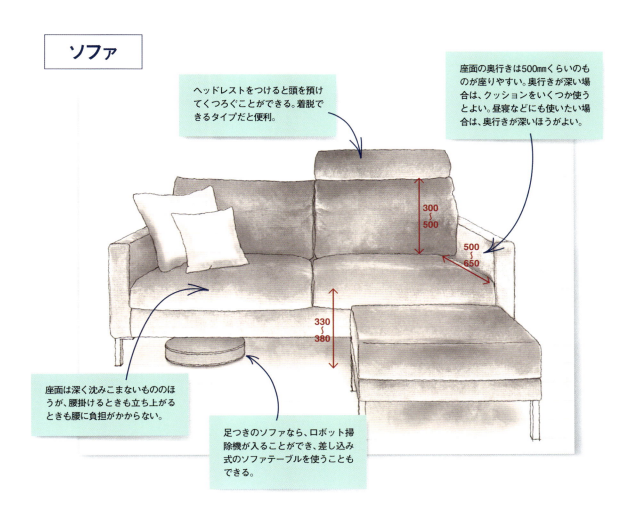

ヘッドレストをつけると頭を預けてくつろぐことができる。着脱できるタイプだと便利。

座面の奥行きは500mmくらいのものが座りやすい。奥行きが深い場合は、クッションをいくつか使うとよい。昼寝などにも使いたい場合は、奥行きが深いほうがよい。

300〜500

500〜650

330〜380

座面は深く沈みこまないもののほうが、腰掛けるときも立ち上がるときも腰に負担がかからない。

足つきのソファなら、ロボット掃除機が入ることができ、差し込み式のソファテーブルを使うこともできる。

2人掛けタイプ

足つきだと掃除がしやすく、差し込み式のソファテーブルを使うことができる。(小竹邸)

カウチタイプ

ソファに寝そべったりしてくつろぎたい場合、部屋のスペースに余裕があるならカウチタイプのソファもおすすめ。(粟津邸)

How To 2
夏の暑さから家族を守る住まい

冬の寒さ対策以上に
夏の暑さ対策が重要な時代に

　新築の場合もリフォームの場合も、「冬の寒さ対策」は重要な設計ポイントでした。床暖房もずいぶん普及してきました。しかしここ数年で、それと同じくらい「夏の暑さ対策」も求められるようになりました。エアコンだけに頼らない「夏が涼しい」住まいが必要とされています。そのためには、壁の断熱性能を上げたり、二重サッシにするなどの対策をしますが、珪藻土を仕上げに使った壁も効果的です。珪藻土は湿度を調整してくれるので、室内の温度が高くても体感温度が下がり、涼しく感じられます。また、庇を活用して、窓から入る強い日差しを和らげる方法も、とても有効です。

南向きにこだわりすぎないほうが
住みやすい家になる

　従来、家は「南向き」が住みやすいとされてきました。しかしその常識も変わりつつあります。南向きの窓は、強い光が差し込むうえに、光が刻々と変わっていきますので、カーテンやシェードで調整が必要です。一方、東や北向きの窓は、部屋の中に均質な光を一日中採り込むことができます。最近では、リビングの大きな窓を、東や北に向けて設計することも多くなりました。高気密・高断熱の家であれば、冬に南からの日差しを大きく採り込むことをそれほど重要視する必要はありません。夏の暑さを和らげる方法を積極的に考えることも大切です。

Case 1　庇の活用で冬の光を入れ、夏の日差しをさえぎる

　南面に大きな窓のある家なら、庇を活用することで夏も冬も快適に過ごすことができます。右の写真では、1階と2階の窓のそれぞれに庇を設けています。夏は太陽の高度が高いので、上からの強い光を庇でしっかりと遮ることができます。いっぽう冬は太陽が低いので、庇の下から光が差し込んできて、家の奥まで温かい日差しを採り入れられるというわけです。

　日差しをコントロールすることで、エアコンに頼りすぎない、環境にやさしい暮らしを送ることが可能になります。

窓が南に向いている家。1階と2階の窓それぞれに庇を設けた。

（小林邸・茅ヶ崎市）

Case 2　室温調整の一番のカギは、窓。ペアガラス、二重サッシも検討を

　暑さも寒さも、和らげるための一番のカギになるのは、窓の対策です。できるだけ熱貫流率（熱の伝わりやすさ）が低くなるように設計します。

　二重サッシとは、既存の窓枠の内側に新たな窓枠を取りつけて、窓を二重構造にすること。北海道などでよく使われています。一方ペアガラス（複層ガラス）は2枚の窓ガラスと中間の空気層で構成されたガラスのこと。二重サッシは、家の構造によって取りつけができない場合もあります。最近では、ペアガラスの上をいくトリプルサッシも出てきました。住まいの環境に応じて検討してみるとよいでしょう。

（平山邸）

窓を二重サッシにすることで、高気密、高断熱の住まいに近づけることができる。

（西野邸）

Chapter 4

豊かな暮らしをつくる小さな工夫

家をつくるときに大切なのは間取りですが
それ以外にも、暮らしに快適さや豊かさを
つくりだすための、様々な工夫があります。
小さな工夫が積み重なって、理想の住まいに近づいていきます。

細部の工夫が
豊かな暮らしをつくる

**居心地のよさには
理由がある**

(日野邸)

　住んでいる人がリラックスできて、お客様もつい長居してしまうような居心地のよさは、間取りの工夫だけでは手に入れられません。それは、外からの視線を気にせずに過ごすために、窓に工夫があることや、生活シーンに合わせて明かりを選べること、建具や収納が目立ちすぎていないことなど、一つひとつのインテリアや設備への配慮が行き届いていることにより、家全体から生まれるものです。

(小竹邸)

細かいところも疎かにしない

　住まいを考えるとき、つい、家具やキッチン選びなどに頭が行きがちですが、天井や建具といった、脇役と思われがちな部分が実は肝心です。床や壁と色や素材を合わせて、統一感を持たせる方法もありますし、逆にアクセントとして際立たせる方法もあります。また、機械的な設備をさりげなく隠すための工夫も、大切です。それにより、見せたいものが一層映えるという効果があります。

(向山邸)

住まいに自然を採り込む

　住まいは閉じた空間ですが、自然を感じられることも大切です。できるだけ自然の光や風を採り入れる工夫をし、外の緑がいつも目に入るような空間をつくるようにしています。たとえ小さい庭でも、心を潤してくれる効果は非常に大きいものです。住まいに自然を採り込むことで、家にいる時間がより豊かになり、健康的に過ごすことができます。

光と風を採り込む
Natural Lighting & Ventilation

日常の心地よさのために欠かせないのが、
家の中に差し込む自然光と、風の流れ。
刻々と変化する光と風は、暮らしを生き生きとさせ、
自然を感じながらの生活は、気持ちを明るくさせます。

光は上の窓、風は下の窓で
気持ちよく暮らせる

　家の中に光をたくさん採り込みたいなら、できるだけ上の方に窓をつくることをおすすめします。日中は部屋の奥まで光が差し込むので、長い時間自然光だけで暮らすことができます。リビングやダイニングに高窓を設けることもありますし、廊下や階段に窓がとれないときなどは、トップライトをつけます。いっぽう風の採り入れ口は、下の方につくるのが有効です。玄関や洗面室には、ハイサイドライトを設け、可能なら足元に通風窓もつくると、光と風が入って気持ちのいい空間になります。

1 リビングの掃き出し窓の上に、さらに高窓を設けたので、光が奥のキッチンまで差し込む。昼間は電気をつける必要がない。（小林邸・茅ヶ崎市）　**2** リビングの天井近くに設けたトップライト。ガラスブロックを使用したクラシックなデザインで、天井の梁とも調和している。（芦田邸）　**3** 洗面所の鏡の面積を半分にして、窓を設けた。自然光の中で洗面やメイクができる。（青木邸・杉並区）

窓の工夫で風の通り道をつくる

　心地よく暮らすために、採光や換気は重要です。1階の北か東側の低い位置に小窓を設けると、そこから涼しい空気が入ってきて南に抜けるので、家の空気を動かすことができます。また、風を入れたい場所におすすめなのが、「縦すべり出し窓」です。ガラスに当たった風が跳ね返って家に入ってくるので、効果的です。

インテリアとしても楽しめるシーリングファンは、窓から入った空気を循環させるのに役立ち、エアコンの効率も上げてくれる。(小川邸)

1 天井近くと足元の両方に窓を設けた洗面室。昼間は自然光で過ごせるので快適。(佐藤邸)　**2** 縦すべり出しの窓は、換気に効果的。風向きに合わせてガラスを向けると、家の中に風をたくさん採り込める。(参考写真)

外部に面していない部屋にも光は採り込める

マンションなどでは、どうしても窓のつくれない部屋ができてしまうことがあります。そんなときは、外窓に面している隣の部屋との間に、「間接窓」を設けることで、隣の部屋を通して、外光や風を入れることができます。また、隣の部屋との間のドアを、一部ガラス戸にすることでも同様の効果があります。この方法を活用すれば、間取りの自由度もアップします。ちなみに風は、1カ所だけ窓を開けても通りません。窓と入り口のドアなど、2カ所で風の抜け道をつくることが大切です。

(右)外窓に面していない寝室と、隣の部屋との間に「間接窓」を設けた。(上)寝室の隣にあるワークスペース。この部屋を通して、寝室にも光が入る。(粟津邸)

【間接窓を設けた例】(粟津邸・写真上)

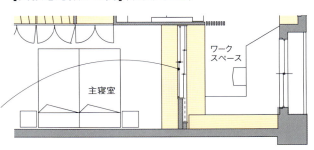

ワークスペースの窓から入る日差しが、間接窓を通って寝室にも入ってくる。

1 リフォームで、キッチンとダイニングの間にガラス戸を設けた。温かさを逃がさず、光を効果的に採り入れることができる。(沼尻邸) 2 間取り変更に制限のあるマンションだが、「浴室から富士山を見たい」というご主人の希望をかなえるため、浴室とキッチンの間に「間接窓」を設置。(飯澤邸)

外からの視線をさりげなく遮る

通風や採光は、気持ちよく暮らすために必要なものですが、
落ち着いた空間をつくるためには、ある程度外部からの視線や景観を閉じる必要もあります。
開放感を保ちつつ、プライバシーを守るための方法を考えてみましょう。

リビングの窓が、隣の家の窓と向かい合う位置にある家。上下を開けられるシェードで、視線を遮りつつ光を採り入れられる。(小林邸・小金井市)

1 和室の垂れ壁を、外の塀とほぼ同じくらいの高さまで設けた。通りからの視線を気にせずに過ごすことができる。(片山邸) **2** 通りに面した玄関部分のアプローチを蛇行させ、植栽と壁で外からの目線を遮っている。(原邸)

窓のコントロールが
居心地よさにつながる

　外の視線が気になって、一日中、カーテンを閉めっぱなしにして暮らしている人がいます。庭の眺めを楽しむこともできず、昼間も電気をつけて過ごすとしたら、残念な気がします。窓は大きければいいというものではなく、場所によっては小さくしたり、設ける場所を工夫することでも、暮らしやすくなります。大きい窓は、機能的なシェードを使って部分的に隠すことで、光や眺望を手に入れながら外の視線を遮ることができます。

吹き抜けのリビングで、家全体を明るく。窓は2段に分かれているが、縦型のシェードは全体を覆う長さにしている。(片山邸)

カーテン、シェードは用途によって使い分ける

　窓にどんなカーテンやシェードを選ぶかは、大きなポイントです。上下を開けることができるシェードを活用すれば、角度や高さを調整して、光量を調節でき、外からの目線対策に対応することもできます。横型のシェードはスッキリした印象になり、部屋が広く感じられますが、カーテンに比べて外に出入りしにくいという欠点があります。縦型のシェードは、調光もできるうえ出入りもしやすいので、吹き抜けのリビングなどによく使います。

1 日中閉めっぱなしにする場所のレースのカーテンは、引き分けにしないほうが美しく、両端を開け閉めできるので風も入れやすい。(岡本邸) **2** プリーツスクリーンで昼間の日差しを遮る。夜は手前のふすま戸を閉めて、光のもれを防ぐことができる。両方とも、使わないときには壁の中に引き込める。(上山邸) **3** レースのカーテンは横開きだが、手前のドレープカーテンはたたみ上げ式にしている。(宮内邸) **4** 縦型のシェードは羽の角度を変えられるので、採光の調節ができる。(岡田邸)

無機質な物を隠す

Hiding the facilities

見た目はよくないけれど、どうしても必要な設備や器具があります。
上手に隠しながら、使いやすい位置に置くことで
美しさと暮らしやすさを両立させたいと思います。

使わないときには存在を消せるように

　家を美しく見せるためには、きれいな物を飾ることよりも、見せたくない物を隠すことの方が大切です。たとえばエアコンや蓄熱暖房機のような存在感のある家電、洗濯機上の収納、ロールスクリーンのメカ部分など、なるべく目に入らないようにしたいものです。そのために有効なのは、シェードやスクリーン、ルーバーなどの活用です。色を控えめにして、インテリアに溶け込ませることも大切です。

1 マンションリフォームで、どうしても移動できなかったインターホン。壁を凹ませ、扉をつけて隠している。（粟津邸）**2** ロールスクリーンを正面づけにすることで、巻き上げ部分のメカが見えないように配慮。（小林邸・小金井市）**3** 廊下の途中にある勝手口を、壁と同色のシェードで目隠し。隣の洗濯機スペースも、使わないときは天井からシェードを垂らしておける。（津賀邸）

5 キッチンの背面収納の真ん中にあるエアコンを、ルーバーで目隠し。左右の吊り戸棚とつなげることで、違和感なくインテリアに溶け込んでいる。(岡田邸) **6** リビングのカウンター下に設けた蓄熱暖房機。ルーバーで覆えば、暖気が出ていく妨げにならない。(南邸)

明かりをデザインする

昼間のような明るい光が必要なときもあれば、
温かみのある光でリラックスしたいときもあります。
明かりをコントロールすることで、
生活に生き生きとしたリズムが生まれます。

表情を変える明かりで
生活にリズムが生まれる

　読書するとき、食事するとき、寝る前など、生活のシーンによって、心地よいと感じられる明るさは違います。最近では、ひとつの照明器具でも、調光はもちろん、白熱色と電球色を変えられるなど、調色できるものも出てきました。直接照明だけでなく、壁などに反射した光を使う間接照明を採り入れると、まぶしさを抑えつつ部屋を明るくしたり、陰影を出すことができて立体感が生まれます。美術品など見せたいものに視線を集めるために、照明をスポットで当てるのもいい方法です。

天井にダウンライトを設置する代わりに、吊り戸と天井の間にライトを設けた。調節によって間接照明としても全体照明としても使える。（粟津邸）

寝室には、一日の終わりの時間を穏やかに演出する間接照明がおすすめ。読書するとき、くつろぐときなどシーンに合わせて調光できるタイプに。(宮内邸)

1 ペンダントライトは、部屋の一部を明るく照らす効果があり、インテリアとしても楽しめる。ダイニングテーブルの上などに使うのがおすすめ。(平山邸) **2** 廊下のニッチの中にダウンライトを仕込み、視線を集めると同時に、間接照明としての役割を持たせている。(芦田邸)

窓から見える植栽 *Plants in the Window*

窓を額縁に見立てて外の緑を楽しむしつらえは、最高のインテリア。
家事をしているとき、くつろいでいるときなど
目に飛び込んでくる緑は、何よりも心を癒してくれます。

美容室の窓際に設けた、ウエイティングスペース。中庭の緑を楽しみながら過ごしてもらうことができる。(吉永邸)

中庭の緑を家のあちこちから楽しむ

　プライバシーが確保された家をつくりたい人や、家のどこにいても緑の風景を楽しみたいという方には、中庭をつくることをおすすめしています。中庭であれば、ひとつの居室だけではなく、複数の居室や廊下などから緑を楽しむことができます。リビングやダイニングを中庭に面したつくりにすれば、外からの視線を気にする必要もありません。中庭に大きな木を植えれば、1階だけでなく2階からも緑を楽しむことができます。

【中庭を設けた例】(新井邸・写真下)

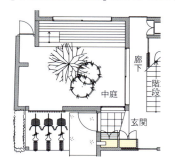

建物をL字型にして中庭を設けた。家のあちこちから緑が眺められ、窓が通りに面していないので、安心して生活できる。

1 ダイニングルームの大きな掃き出し窓が、中庭に面している。大きな木は2階からも見ることができる。**2** 玄関から直接中庭に入ることも可能。**3** 廊下を歩いているときも中庭の景色が楽しめる。(いずれも新井邸)

玄関の正面に設けたピクチャーウインドウ。美しく見せるため、ウッドデッキの中に植栽を配した。(原邸)

絵画を楽しむように
窓からの景色を楽しむ

　窓越しに見える緑は、暮らしに潤いを与えてくれます。絵を飾るよりも、窓を額縁に見立てて、その中に見える自然の緑を絵画のように楽しむというしつらえを、よく提案しています。窓の位置を考慮しながら庭をつくったり、外の緑の位置を考慮して窓をつくることもあります。ピクチャーウィンドウに利用するのは、自分の家の植栽だけではありません。敷地の外に見える植栽や、公園の木などがよく見えるように窓を切り取るのも、賢い方法です。

1 入浴しながら景色を楽しめる、はめ殺しのピクチャーウインドウ。換気用の窓は上部に設けている。(小林邸・茅ヶ崎市) **2** 玄関ホールに設けたピクチャーウインドウ。まるで一枚の絵のよう。(上山邸)

建具の使い方で美しく見せる
Doors & Frames

居室のドアや、収納の扉のつくり方にも
こだわりたいものです。
壁に溶け込ませて目立たなくしたり、
あえて目立たせてインテリア性を引き出したりと、
建具は意外と空間づくりに重要です。

よけいな線を減らし部屋に溶け込ませる

　デザイン性のあるドアは別ですが、建具が目立ちすぎる家は、美しくありません。単なる仕切りの場合、そこにあることを感じさせないように、空間に溶け込ませるのが理想です。そのためには、目に見える線を減らすことです。取っ手をなくしたり、あるいはあえて長く伸ばすことで、すっきり見せることができます。収納の扉も同様です。つい疎かにしがちですが、こういった細部にこだわることで、家全体が美しくなっていきます。

ダイニングルームの収納の扉は、取っ手をつけず、掘り込み手掛けにしてすっきり見せる。(粟津邸)

ルーバーには、奥にあるものをぼかす効果がある。しっかり仕切る引き戸と、ゆるく仕切るルーバーを組み合わせて。(吉井邸)

階段下に設けた収納。扉の形を階段に合わせることで、収納を目立たなくしている。(新井邸)

子ども部屋と寝室の戸に、障子を使ったリフォーム例。普通の引き戸にするよりも、やわらかな光を採り込むことができ、家全体に温かみが生まれる。(山本邸)

天井も暮らしの美しさの一部
Ceiling

天井の印象は、思った以上に大きいものです。
壁や床に揃えてすっきりと見せることが多いのですが、
あえて主張するデザインで、印象的な空間にすることもできます。

存在感をもたせるかもたせないか

　住まいを考えるとき、天井について強い希望のある人はあまりいないでしょう。しかし面積が大きいだけに、天井は美しい住まいをつくるうえで重要な部分です。フラットにして壁や床になじませるという方法もありますが、デザイン性のある天井にすることで、空間に魅力が生まれます。天井内に隠れていた木製の梁をあらわにして、デザインに生かすこともあります。また、天井のつくり方次第で、隣り合った居室との一体感を演出することも可能です。

1 和室の天井に、薄く切った木材を編み込んでつくる「網代天井板」を使用。印象的な空間になっている。（茅根邸）　**2** 和室のヒバの天井をリビングまで続けることで、2つの居室がゆるくつながって、一体感のある空間になっている。（新地邸）

以前は天井に隠れていた梁をあえて出して、濃い色をつけ、インテリアとして楽しめるように。天井をきれいに見せるため、梁に照明器具をつけた。（芦田邸）

色・柄を楽しむ *Colors and patterns*

インテリアのアクセントとして、
壁紙やタイルを利用して、壁の表情を変えるのは効果的です。
上手に使えば、部屋全体を魅力ある空間に仕上げてくれます。

壁の様々な表情が暮らしを豊かにする

　柄のある壁紙は、リビングやダイニングの大きな壁よりも、パウダールームや寝室、子ども部屋や趣味のスペースなどに取り入れるのがおすすめです。全面でなく一面だけにすることで、インテリアとの調和もとれますし、変えたいと思ったときにも張り替えやすくなります。その空間の色使いは単独で考えるのではなく、ドアや家具などの色を考慮して、統一感を出します。

1 パウダールームを、タイルや凹凸のある壁を利用して個性的な空間に。（芦田邸）　**2** 子ども部屋の壁の一面だけを楽しい柄に。子どもが成長して変えたくなったときに、一面だけなら張り替えも容易。（新井邸）

白がメインのインテリアだが、赤をポイントに使ってセンスよく、個性的な空間に。(芦田邸)

1 奥様の趣味のアトリエは、好みの壁紙で自分らしいスペースに。2・3 和室の入り口のドアは、裏と表で違う柄を用いて遊び心のあるインテリアに。(いずれも芦田邸)

掲 載 物 件 一 覧 (五十音順)

01
青木邸(リフォーム)
所 在 地　東京都杉並区
リフォーム面積　57.96㎡(約18坪)
構造規模　木造2階建
家族構成　夫婦

02
青木邸
所 在 地　東京都世田谷区
敷地面積　101.09㎡(約31坪)
延床面積　110.4㎡(約33坪)
構造規模　木造2階建
家族構成　夫婦＋子ども2人

03
青木邸(リフォーム)
所 在 地　東京都練馬区
リフォーム面積　128.69㎡(約39坪)
構造規模　木造2階建
家族構成　父＋夫婦

04
芦田邸(リフォーム)
所 在 地　東京都練馬区
リフォーム面積　227.27㎡(約69坪)
構造規模　木造2階建
家族構成　夫婦

05
新井邸
所 在 地　埼玉県富士見市
敷地面積　135.85㎡(約41坪)
延床面積　105.88㎡(約32坪)
構造規模　木造2階建
家族構成　夫婦＋子ども2人

06
粟津邸(リフォーム)
所 在 地　東京都中央区
リフォーム面積　164.47㎡(約50坪)
構造規模　RCマンション
家族構成　夫婦＋子ども2人

07
飯澤邸(リフォーム)
所 在 地　神奈川県横浜市
リフォーム面積　56.63㎡(約17坪)
構造規模　RCマンション
家族構成　夫婦

08
上山邸
所 在 地　神奈川県横浜市
敷地面積　175.45㎡(約50坪)
延床面積　146.97㎡(約44坪)
構造規模　RC地下＋木造2階建
家族構成　夫婦

09
遠藤邸(リフォーム)
所 在 地　神奈川県川崎市
リフォーム面積　73.33㎡(約22坪)
構造規模　RCマンション
家族構成　夫婦

10
岡田邸(リフォーム)
所 在 地　神奈川県横浜市
リフォーム面積　113.03㎡(約34坪)
構造規模　木造2階建
家族構成　夫婦

11
岡本邸
所　在　地　千葉県市川市
敷地面積　165.29㎡（約50坪）
延床面積　120.32㎡（約36坪）
構造規模　木造2階建
家族構成　夫婦＋こども2人

12
小川邸
所　在　地　神奈川県横浜市
敷地面積　199.79㎡（約60坪）
延床面積　139.12㎡（約42坪）
構造規模　木造2階建
家族構成　母＋夫婦＋こども2人

13
小竹邸（リフォーム）
所　在　地　神奈川県小田原市
リフォーム面積　72.64㎡（約22坪）
構造規模　RCマンション
家族構成　夫婦

14
柏木邸（リフォーム）
所　在　地　東京都大田区
リフォーム面積　101.26㎡（約31坪）
構造規模　RCマンション
家族構成　夫婦＋こども2人

15
片山邸
所　在　地　東京都練馬区
敷地面積　170.51㎡（約52坪）
延床面積　128.83㎡（約39坪）
構造規模　木造2階建
家族構成　夫婦＋こども1人

16
小林邸
所　在　地　東京都小金井市
敷地面積　137.18㎡（約42坪）
延床面積　105.76㎡（約32坪）
構造規模　木造2階建
家族構成　夫婦

17
小林邸
所　在　地　神奈川県茅ケ崎市
敷地面積　383.19㎡（約116坪）
延床面積　124.54㎡（約38坪）
構造規模　木造平屋建
家族構成　夫婦

18
米崎邸
所　在　地　千葉県市川市
敷地面積　188.52㎡（約57坪）
延床面積　110.53㎡（約33坪）
構造規模　木造2階建
家族構成　夫婦

19
坂本邸（リフォーム）
所　在　地　千葉県佐倉市
リフォーム面積　76.53㎡（約23坪）
構造規模　木造2階建
家族構成　夫婦＋こども1人

20
佐藤邸
所　在　地　東京都八王子市
敷地面積　118.57㎡（約36坪）
延床面積　103.54㎡（約31坪）
構造規模　木造2階建
家族構成　母＋夫婦＋こども3人

21

新地邸
所　在　地　神奈川県逗子市
敷地面積　208.35㎡（約63坪）
延床面積　121.31㎡（約37坪）
構造規模　木造2階建
家族構成　夫婦＋子ども2人

22

瀧本邸（リフォーム）
所　在　地　東京都世田谷区
リフォーム面積　63.41㎡（約19坪）
構造規模　RCマンション
家族構成　本人

23

茅根邸（リフォーム）
所　在　地　東京都杉並区
リフォーム面積　202.86㎡（約61坪）
構造規模　RC3階建
家族構成　夫婦＋子ども2人

24

津賀邸（リフォーム）
所　在　地　東京都杉並区
リフォーム面積　60.79㎡（約18坪）
構造規模　RC地下木造2階建
家族構成　夫婦＋子ども1人

25

塚原邸
所　在　地　東京都練馬区
敷地面積　223.54㎡（約68坪）
延床面積　82.18㎡（約25坪）
構造規模　木造平屋建
家族構成　本人

26

中野邸（リフォーム）
所　在　地　神奈川県横浜市積
リフォーム面積　102.65㎡（約31坪）
構造規模　RCマンション
家族構成　夫婦＋子ども1人

27

西野邸（リフォーム）
所　在　地　千葉県八千代市
リフォーム面積　68.85㎡（約21坪）
構造規模　RCマンション
家族構成　本人＋母

28

沼尻邸（リフォーム）
所　在　地　千葉県佐倉市
リフォーム面積　51.42㎡（約16坪）
構造規模　木造2階建
家族構成　夫婦

29

原邸
所　在　地　神奈川県川崎市
敷地面積　526.46㎡（約160坪）
延床面積　232.74㎡（約70坪）
構造規模　木造2階建
家族構成　夫婦＋子ども3人

30

日野邸（リフォーム）
所　在　地　東京都目黒区
リフォーム面積　84.43㎡（約26坪）
構造規模　木造2階建
家族構成　夫婦＋子ども1人

31

平山邸（リフォーム）
所　在　地　東京都中央区
リフォーム面積　88.88㎡（約27坪）
構造規模　RCマンション
家族構成　夫婦＋子ども2人

32

福山邸（リフォーム）
所　在　地　東京都杉並区
リフォーム面積　36.12㎡（約11坪）
構造規模　RCマンション
家族構成　夫婦＋子ども1人

33
藤田邸(リフォーム)
所　在　地　東京都世田谷区
リフォーム面積　64.64㎡（約20坪）
構造規模　RCマンション
家族構成　夫婦

34
水越邸
所　在　地　東京都練馬区
敷地面積　132.24㎡（約40坪）
延床面積　128.34㎡（約39坪）
構造規模　木造2階建
家族構成　夫婦＋子ども2人

35
南邸
所　在　地　東京都国分寺市
敷地面積　133.34㎡（約40坪）
延床面積　101.69㎡（約31坪）
構造規模　木造2階建
家族構成　夫婦＋子ども1人

36
宮内邸(リフォーム)
所　在　地　東京都武蔵野市
リフォーム面積　154.76㎡（約47坪）
構造規模　RC地下＋木造2階建
家族構成　夫婦＋子ども1人

37
向山邸
所　在　地　東京都練馬区
敷地面積　145.94㎡（約44坪）
延床面積　110.21㎡（約33坪）
構造規模　木造2階建
家族構成　夫婦＋子ども1人

38
山田邸
所　在　地　東京都中野区
敷地面積　162.78㎡（約49坪）
延床面積　138.93㎡（約42坪）
構造規模　木造2階建
家族構成　夫婦＋子ども2人

39
山本邸(リフォーム)
所　在　地　東京都文京区
リフォーム面積　69.69㎡（約21坪）
構造規模　RCマンション
家族構成　夫婦＋子ども2人

40
吉井邸(リフォーム)
所　在　地　埼玉県白岡市
リフォーム面積　116.47㎡（約35坪）
構造規模　木造2階建
家族構成　夫婦

+1
吉永邸(美容室併設)
所　在　地　東京都葛飾区
敷地面積　117.41㎡（約36坪）
延床面積　116.19㎡（約35坪）
構造規模　木造2階建
家族構成　母＋夫婦＋子ども1人

水越美枝子
（みずこしみえこ）

一級建築士。キッチンスペシャリスト。日本女子大学住居学科卒業後、清水建設(株)に入社。商業施設、マンション等の設計に携わる。1991年からバンコクに渡り、住居設計の傍ら「住まいのインテリア講座」を開催。ジムトンプソン・ハウスのボランティアガイドを務める。1998年一級建築士事務所アトリエサラを秋元幾美と共同主宰。新築・リフォームの住居設計からインテリアコーディネート、収納計画まで、トータルでの住まいづくりを提案している。手がけた物件は250件以上。日本女子大学非常勤講師、NHK文化センター講師。著書に『40代からの住まいリセット術─人生が変わる家、3つの法則』(NHK出版・生活人新書)、『いつまでも美しく暮らす住まいのルール─動線・インテリア・収納』『物が多くても、狭くてもできる いつまでも美しく暮らす収納のルール』(いずれも小社刊)がある。

一級建築士事務所 アトリエ・サラ

水越美枝子
[大泉事務所]
TEL03-5933-2734／FAX03-5933-2733
http://www.a-sala.com

美しく暮らす住まいの条件
～間取り・動線・サイズを考える～

2019年3月1日　　初版第一刷発行
2019年9月27日　　第二刷発行

著　者　水越美枝子
発行者　澤井聖一
発行所　株式会社エクスナレッジ
　　　　〒106-0032
　　　　東京都港区六本木7-2-26
　　　　http://www.xknowledge.co.jp

〈問い合わせ先〉
編　集　TEL 03-3403-6796　FAX 03-3403-1345
　　　　info@xknowledge.co.jp
販　売　TEL 03-3403-1321　FAX 03-3403-1829

無断転載の禁止
本誌掲載記事(本文、図表、イラストなど)を当社および著作権者の承諾なしに無断で転載(翻訳、複写、データベースへの入力、インターネットでの掲載など)することを禁じます。